LINGUÍSTICA APLICADA
ENSINO DE PORTUGUÊS

Coleção Linguagem na Universidade

EDUCAÇÃO LINGUÍSTICA PARA JOVENS E ADULTOS • *Paula Cobucci e Veruska Machado*
ESTÁGIO SUPERVISIONADO DE INGLÊS • *Rosely P. Xavier*
LABORATÓRIO DE ENSINO DE GRAMÁTICA • *Maria Helena de Moura Neves e André V. Lopes Coneglian*
LEITURA E PRODUÇÃO DE TEXTOS • *Juliana de Freitas Dias*
LINGUÍSTICA APLICADA • *Ana Elisa Ribeiro e Carla Viana Coscarelli*

Coordenadores
Kleber Silva e Stella Maris Bortoni-Ricardo

Assistentes de coordenação
Paula Cobucci e Valentina Carvalho Oliveira

Proibida a reprodução total ou parcial em qualquer mídia
sem a autorização escrita da editora.
Os infratores estão sujeitos às penas da lei.

A Editora não é responsável pelo conteúdo deste livro.
As Autoras conhecem os fatos narrados, pelos quais são responsáveis,
assim como se responsabilizam pelos juízos emitidos.

Consulte nosso catálogo completo e últimos lançamentos em **www.editoracontexto.com.br**.

LINGUÍSTICA APLICADA
ENSINO DE PORTUGUÊS

Ana Elisa Ribeiro
Carla Viana Coscarelli

Copyright © 2023 das Autoras

Todos os direitos desta edição reservados à
Editora Contexto (Editora Pinsky Ltda.)

Montagem de capa e diagramação
Gustavo S. Vilas Boas

Preparação de textos
Daniela Marini Iwamoto

Revisão
Lilian Aquino

Dados Internacionais de Catalogação na Publicação (CIP)

Ribeiro, Ana Elisa
Linguística aplicada : ensino de português / Ana Elisa Ribeiro,
Carla Viana Coscarelli ; coordenado por Kleber Silva, Stella
Maris Bortoni-Ricardo. – 1. ed., 1ª reimpressão. –
São Paulo : Contexto, 2024.
128 p. (Coleção Linguagem na Universidade)

Bibliografia
ISBN 978-65-5541-277-2

1. Linguística 2. Língua portuguesa
I. Título II. Coscarelli, Carla Viana III. Silva, Kleber
IV. Bortoni-Ricardo, Stella Maris V. Série

23-3109   CDD 410

Angélica Ilacqua – Bibliotecária – CRB-8/7057

Índice para catálogo sistemático:
1. Linguística

2024

EDITORA CONTEXTO
Diretor editorial: *Jaime Pinsky*

Rua Dr. José Elias, 520 – Alto da Lapa
05083-030 – São Paulo – SP
PABX: (11) 3832 5838
contato@editoracontexto.com.br
www.editoracontexto.com.br

Sumário

Apresentação 7

Linguística Aplicada e ensino de língua materna 13

Ensino de língua materna: gramática, texto, gênero 27

Tecnologias digitais, textos e ensino 43

O que é ensinar língua materna hoje? 89

Língua e linguagens para o presente e o futuro 111

Bibliografia comentada 119

As autoras 123

Apresentação

É uma grande alegria produzir um material como o que agora apresentamos. Neste volume, buscamos incluir entre as obras da coleção "Linguagem na Universidade" uma discussão sobre a Linguística Aplicada (LA), em especial quanto ao ensino de língua materna. Nosso intervalo histórico não é grande em relação a outras discussões de que se ocupam os estudos linguísticos. A Linguística Aplicada nasce no final da primeira metade do século XX, durante a Segunda Guerra Mundial, e se desenvolve desde então, abarcando questões que se vão impondo nas décadas seguintes e até hoje, já entrado nosso milênio. O crescimento dessa especialidade da Linguística, se é adequado chamá-la assim, tem relação com a quantidade e a qualidade dos pesquisadores e das pesquisadoras que passam a se ocupar das questões aplicadas em Linguística. Com o passar das décadas, a área vai-se fortalecendo, sobretudo institucionalmente, e os linguistas aplicados vão aumentando em número e qualificação. Isso acontece de par com a robustez que teorias e metodologias vão ganhando no campo, sua institucionalização, como afirmamos, com a criação de cursos universitários, habilitações e pós-graduações declaradamente em LA, a formação de uma bibliografia relevante e de alta circulação, a existência de fóruns, congressos, encontros e associações relacionados à área, entre outros movimentos que consolidam a Linguística Aplicada como um campo de pesquisa, estudo, formação e debate, com forte influência, em especial, no ensino de línguas, sejam estrangeiras ou maternas, além de importante aporte sobre as línguas de acolhimento, de herança ou mesmo em situações de fronteira, em que elas se mesclam nos usos diários.

No Brasil, esse processo de consolidação da LA acontece alguns anos depois de se estabelecer nos Estados Unidos e em outras partes do mundo. O trânsito internacional das ideias é claramente motivador da chegada desse debate por aqui, por meio de traduções, livros sobre o tema, adesão a metodologias vindas de fora sobre ensino de línguas (em especial de inglês), intercâmbios entre pesquisadores e a criação de espaços institucionais que referendam o campo e o introduzem no jogo, dentro do escopo maior dos estudos de linguagem.

Neste livro, pretendemos fazer um breve apanhado da história da LA e de sua relação com o ensino de língua materna, no caso, o português em contexto brasileiro, chegando aos dias atuais, em que continuamos a discutir: o que é o ensino de língua materna e sua história; como ele se dá e como os documentos oficiais do país recomendam que ele seja executado hoje; as relações entre língua, texto, discurso, gêneros discursivos ou textuais, domínios discursivos, gramática etc. E ainda as relações não menos importantes entre textos, discursos e tecnologias, elementos que afetam a leitura e a escrita, focos maiores das preocupações de estudiosos e estudiosas, embora a oralidade tampouco deva escapar dessas preocupações. Por fim, dedicamos alguns parágrafos para as linguagens, o presente e o futuro do ensino de português no Brasil, em especial depois da experiência importante com o ensino remoto emergencial e a pandemia da covid-19, que forçosamente levou a um debate renovado sobre modos de ensinar e aprender leitura e escrita nas disciplinas de Língua Portuguesa/ Português/Redação, ainda que as práticas pós-emergenciais não tenham sido radicalmente alteradas.

Um alerta importante que precisamos fazer, desde já, é que não nos aprofundaremos em vários temas que tocaremos aqui, mas esperamos que este livro funcione como um link, uma provocação que leve os leitores e as leitoras a buscar mais informação e mais conhecimento. Uma das questões importantes que não abordaremos de maneira detalhada é a das diferenças conceituais entre gènero textual e gênero discursivo, que têm sido debatidas por especialistas de renome em nossa área. Aqui, no entanto, trataremos os gêneros por textuais e discursivos sem muita distinção, procurando uma simplificação que nos ajude a enviar nosso recado, reiterando sempre a recomendação de que se pesquise mais, pois sempre há o que aprofundar, de maneira muito acessível, nos dias de hoje.

Dedicamos mais de duas décadas de nossas vidas de professoras e pesquisadoras aos estudos da leitura e da escrita, e nos sentimos sempre afetadas pela chegada das tecnologias digitais da informação e da comunicação (TDIC), num movimento de rever e reavaliar modos de ensinar e aprender língua materna na escola, em especial na educação básica e no ensino superior, na formação de professores e professoras e na relação com estudantes dos ensinos fundamental e médio. Não nos escapam, portanto, alguns debates que entraram e saíram de cena, nesse tempo, tais como as discussões sobre letramento, letramentos, letramentos adjetivados (digital, visual, literário etc.), multiletramentos, novos letramentos e a Base Nacional Comum Curricular, documento que plasma, mesmo que de maneira pouco nítida e explícita, toda a discussão que vem sendo desenvolvida ao longo de pelo menos três décadas no Brasil.

Para abordar o ensino de língua materna e suas relações com a Linguística Aplicada, organizamos este volume em cinco capítulos, além desta apresentação e da bibliografia comentada, que deixamos ao final. Vale ler essa bibliografia e, principalmente, devorar cada livro que teve e tem tanta importância para nossa área, assim como para nossa formação e mesmo nossas políticas que envolvem a educação, de maneira geral, em todos os níveis de ensino.

O primeiro capítulo, intitulado "Linguística Aplicada e ensino de língua materna", traça um breve panorama histórico do nascimento da LA, fora do Brasil, assim como de sua influência por aqui, em especial para o ensino e a aprendizagem de língua portuguesa. Uma agenda dos estudos em LA também aparece nessa primeira parte. Tentamos sempre fazer links entre os assuntos abordados em cada capítulo, aproveitando ganchos e até reiterando algumas informações, o que nos ajuda a compreender relações e interinfluências. No capítulo "Ensino de língua materna: gramática, texto, gênero", pusemos foco nas concepções e definições de texto, textualidade, discurso, gêneros e tipos textuais, textualização, retextualização, entre outros itens incontornáveis quando o assunto é ensinar português no Brasil, em especial de 1990 em diante. Na sequência, o capítulo "Tecnologias digitais, textos e ensino" aborda as tecnologias (de maneira geral), as tecnologias digitais (de modo particular) e sua relação inextricável com os textos que lemos e que produzimos. Essa relação é muito cara aos estudos de Linguística Aplicada, hoje e há pelo menos 30 anos. Também abordamos aí as relações entre alfabetização, letramento e multiletramentos, a Base Nacional Comum Curricular (que aparece em diversas ocasiões), os estudos sobre hipertexto, a multimodalidade, as relações entre cultura impressa e cultura digital, o navegar e o ler, as TDIC na produção de textos e, claro, as avaliações (provas e outros instrumentos).

O capítulo seguinte tenta responder à questão "O que é ensinar língua materna hoje?", e é claro que nossa resposta é parcial. Retomamos alguns aspectos das concepções de língua e linguagem que nos fazem dar um tipo ou outro de aula, abordar certos assuntos, para então dizer o que é que parece importar mais nas nossas salas de aula contemporâneas. Texto, discurso, TDIC, criticidade, Semiótica, Análise do Discurso, multimodalidade... tudo está aí. O capítulo "Língua e linguagens para o presente e o futuro" encerra este volume tecendo um encontro entre passado, presente e futuro do ensinar a ler e a escrever no Brasil, sempre retomando nossa história, as transformações da nossa educação, as mudanças do mundo e de nossa sociedade e a missão dos professores e professoras de língua nesse cenário.

É claro que tratar de um assunto tão importante e amplo quanto a Linguística Aplicada e o ensino de língua materna é um risco enorme. Provavelmente cometemos injustiças, deixamos de citar trabalhos relevantes, fomos parciais e tendenciosas, apontamos mais em uma direção do que em outras. Isso, no entanto, não nos intimidou. Nossa ideia foi, mesmo que panoramicamente, apresentar uma espécie de linha do tempo dos assuntos e dos focos que a LA abordou ao longo do tempo e de como ela influenciou nossas concepções de educação e, mais especificamente, de ensino de português nas escolas. Ela também se disseminou na formação de professores, inicial e continuada, além de estar fortemente presente nos documentos oficiais que guiam nossa educação na atualidade. Os estudos científicos têm papel evidente e fundamental no desenvolvimento do país também em nossa área. A LA, como também veremos, não se limita a uma relação de aplicação com outros campos da Linguística e nem significa apenas estudos que dizem respeito à escola, ao ensino e à aprendizagem de línguas. A LA está ocupada das questões sociais, e isso quer dizer muita coisa. Nosso esforço aqui, então, é o de oferecer uma boa noção dos debates em LA e ensino de português no Brasil, sem perder de vista a criticidade possível num material como este, que visa à introdução de estudantes de Letras nos temas universitários que nos tocam nos dias de hoje. Teremos feito isso com seriedade, dedicação e enorme afeto.

Linguística Aplicada e ensino de língua materna

Quando as pessoas cursam o ensino médio, naquela fase em que muitos jovens, se tiverem oportunidade, escolherão um curso universitário que provavelmente será a porta para uma carreira profissional, as informações lhes chegam muito vagas ou desencontradas. Com que profissões é possível ter um contato mais efetivo até ali? O que sabemos sobre grande parte das profissões, carreiras e mesmo sobre o tal mercado de trabalho? O que sabemos sobre as relações entre os cursos superiores e as profissões correspondentes? Os jovens trabalhadores tiveram contato anterior com atividades que foram por vezes obrigados a executar profissionalmente? Seja por necessidade, seja por força das exigências familiares, mesmo sem muita certeza, sabemos que muita gente segue nos estudos em busca de um futuro melhor e de uma profissão mais qualificada. É claro que a desigualdade social brasileira está refletida nessas possibilidades e escolhas, acessos e conhecimentos.

É em serviço que muitas pessoas aprendem uma atividade e acabam nela ficando. Muitas têm contato apenas com as profissões e os cursos que a família e as pessoas mais próximas lhes apresentam. Conhecemos nosso próprio universo, vemos as profissões de nossos pais e parentes, tenham eles orgulho delas ou não. Não sabemos de possibilidades mais distantes, não conhecemos atividades mais novas e modernas, seguimos as trilhas que parecem já começadas pelos mais velhos. Outras pessoas poderão escolher um curso superior, almejando, geralmente, uma instituição pública de qualidade, e então aprenderão, na teoria e na prática, com docentes qualificados, os rudimentos de uma profissão. Geralmente, não passa muito disso. O que aprendemos na faculdade não resolve todas as questões que efetivamente se apresentarão em nosso trabalho. Que o digam os professores e as professoras! Para tentar amenizar essa lacuna ou favorecer uma aproximação ao campo de atuação real, muitos cursos exigem estágios antes da formatura, uma espécie de chance de aprender em situação concreta.

É assim nas licenciaturas. Trata-se de uma modalidade formativa dos cursos em que uma das carreiras possíveis é ser professor ou professora. Muitos cursos oferecem a licenciatura, o que significa que as pessoas se formarão para a docência, poderão atuar em escolas de vários níveis de ensino, públicas ou privadas, mas geralmente na educação básica, isto é, na educação infantil, no ensino fundamental e no ensino médio.

A outra modalidade é o bacharelado, que não forma professores, mas, sim, profissionais que desempenharão outras atividades de uma profissão, na mesma área. Uma pessoa pode ser professora em qualquer curso, afinal, todas as formações são ministradas por docentes! Mas nem todo mundo deseja isso ou tem esse objetivo.

Cursos como Geografia, Química, Matemática, História, Música, Belas Artes e vários outros costumam oferecer o bacharelado (para quem quer atuar como geógrafo, como químico etc.) e a licenciatura (para ser professor ou professora da respectiva área). Os linguistas se formam no curso de Letras. Embora a maior parte das instituições brasileiras só oferte a licenciatura, isto é, a formação para a docência, as pessoas, de certo modo, se especializam como linguistas e aprendem uma perspectiva que as torna habilitadas em estudos de línguas e linguagem. No Brasil, várias instituições oferecem, também, o bacharelado, com linhas de formação que levam a atuações como as de tradutores, revisores de textos, editores, intérpretes, secretário executivo, entre outras que constam nos documentos oficiais, tal como é o caso das Diretrizes Curriculares Nacionais específicas de cursos de Letras.

Não é comum termos diploma de linguista. A documentação geralmente vem como graduado em Letras e a modalidade – licenciado ou bacharel. Nesse curso, os eixos mais importantes e fundamentais são a formação em língua materna e oficial (português, em nosso caso, embora no país convivam outras línguas), a formação em literatura (brasileira, portuguesa e outras de língua portuguesa, como as dos países lusófonos no continente africano) e alguma formação em línguas estrangeiras (clássicas ou modernas). Isso depende muito do tamanho do curso ou da faculdade escolhida ou em que se pode estudar. As instituições grandes e mais tradicionais podem oferecer formação em várias línguas além do português, incluindo literaturas africanas de língua portuguesa, a Língua Brasileira de Sinais (Libras) e várias outras qualificações. Em todos os casos, os eixos de Linguística e Literatura são básicos, fundantes. São eles que estruturam e definem a formação de um estudante de Letras.

Como dito, em alguns casos, em instituições brasileiras, é possível obter formação como licenciado ou bacharel. Para obter a licenciatura, devemos cumprir os eixos fundamentais do curso de Letras e cursar disciplinas da área de Educação. Em algumas instituições, essas disciplinas são ministradas até em outra faculdade ou outro departamento, o de Educação, onde se formam os pedagogos. Deu para notar? Formados/as em Letras não são pedagogos, isto é, geralmente não estão habilitados para atuar na educação infantil. Atuam nos ensinos fundamental e médio. Se quiserem, podem seguir nos estudos pós-graduados e se formar para atuar no ensino superior.

Já as pessoas que não querem se licenciar e estão numa instituição que oferece o grau de bacharel devem ter outro tipo de formação, a fim de que atuem nas áreas oferecidas pelo curso. Historiadores trabalharão em acervos, museus, institutos de pesquisa etc.; químicos atuarão em laboratórios, na indústria, nas polícias etc. E os formados em Letras? A resposta dependerá do que o curso de cada instituição propõe, com base nas diretrizes oficiais e num currículo desenhado para certos objetivos.

Os cursos de Letras, como mencionamos, além de formarem pessoas que ensinarão línguas, incluindo a portuguesa e suas literaturas, podem ter inserção em áreas como a tradução, o secretariado executivo, a crítica literária, a atuação em acervos e arquivos, a revisão de textos em diversos tipos de instituição (Senado, câmaras, assembleias, empresas, editoras etc.), a edição de livros, em várias tecnologias etc. Há, no Brasil, cursos de Letras que formam bacharéis em Linguística. E aí chegamos ao nosso ponto.

LINGUISTAS

Como mencionado, não é comum ter diploma de linguista, mas ele existe. Normalmente, um linguista se forma em nível de pós-graduação, quando defende um mestrado e/ou um doutorado em algum campo da Linguística. Na graduação, no entanto, temos contato com a Linguística o tempo todo. A área costuma estar dividida em diversas subáreas. Tradicionalmente, os cursos se organizam começando a abordar a língua e a linguagem da menor para a maior unidade, ou seja, daquela que lida com partes menores, como os sons e suas representações, às mais amplas, como o discurso. O trajeto é mais ou menos assim: partimos dos sons, passamos aos elementos que compõem as palavras, então às estruturas que as palavras compõem quando organizadas nas frases, chegamos então às unidades menores de sentido, até alcançar o texto, seu uso social, suas funções, aplicações e sentidos. Esses estudos são chamados de Fonética, Fonologia, Morfologia, Sintaxe, Semântica, Linguística Textual, Pragmática, Análise do Discurso, entre outros. Há muitas outras subáreas, que acabam sendo contempladas nas disciplinas oferecidas nos cursos de graduação em Letras. Tanto na licenciatura quanto no bacharelado, temos de passar por essas disciplinas, tão importantes para nossa formação profissional.

De forma breve, podemos dizer que os estudos de Fonética e Fonologia se dedicam aos sons, à emissão, à fala, à pronúncia, à prosódia etc.; a Morfologia trabalha com os elementos que formam as palavras; a Sintaxe dedica-se à estrutura das frases, períodos, orações; os estudos de Semântica, à produção do sentido, enquanto os estudos do Texto lidam com os elementos que os compõem, dando-lhes o que foi chamado de textualidade; a Pragmática analisa a linguagem considerando o seu uso, ou seja, o contexto comunicativo; a Análise do Discurso, por sua vez, se preocupa em analisar os aspectos ideológicos dos textos. Essas são algumas subáreas da Linguística, e de modo muito simplificado. Os assuntos são muito mais complexos e sofisticados do que podemos descrever aqui. Não é só isso, claro, mas é um jeito simplificado de explicar que estudamos desde o som da língua até seus elementos maiores, como o texto, o sentido, a pragmática etc. Há muito que estudar, pesquisar e aprender em uma área que não fica parada no tempo. Ela tem história e evolui junto com nossa sociedade. Letras é um belíssimo curso, que transforma nossas vidas e nossos modos de pensar, olhar e sentir o mundo.

Há pessoas que se apaixonam tanto pela Linguística que terminam por seguir nessa área. As instituições costumam separar o curso em duas grandes áreas: Linguística e Literatura. Geralmente, não conseguimos seguir em ambas, pois já é bem trabalhoso ser especialista em uma delas. A Literatura é outro universo, que traz outras questões a serem discutidas, pelo menos assim nos fazem pensar as divisões institucionais... É claro que é possível investir tempo no aprofundamento em mais de um campo.

Bem, para ser linguista, então, é preciso se especializar no estudo da língua, mas não apenas como "gramática", daquele jeito que o senso comum costuma considerar. Linguistas são pessoas que estudam, aprofundadamente, alguma ou várias subáreas da Linguística, nesses subcampos todos que mencionamos e em vários outros. Há linguistas tão especializados que estudam apenas a vírgula, apenas o som do s em determinado sotaque, apenas a maneira como as pessoas usam o "de que" nas frases, apenas a pronúncia de um som ou determinado gênero discursivo etc. Isso pode ser bem específico mesmo.

Há linguistas que trabalham como filólogos, o que é fascinante! São pessoas especializadas em história da língua. Geralmente, aprofundam-se nos conhecimentos de como uma palavra veio do latim, do grego, de línguas africanas, indígenas ou europeias para o nosso português brasileiro, e as transformações pelas quais essa palavra passou para chegar à forma como é usada hoje, ou para explicar o seu desaparecimento ao longo dos séculos ou dos anos. Há muito o que estudar nessa área e isso encontra muitas utilidades no mundo. Há, por exemplo, peritos em Linguística Forense, que ajudam a desvendar crimes e a solucionar situações jurídicas com base em evidências relacionadas à linguagem, assim como há linguistas que lidam com computação e ajudam a construir os mais diversos programas e aplicativos. Aliás, muito da inspiração para linguagens de computação vem da Linguística e dos estudos de Sintaxe, por exemplo. Parando para pensar: como é feito o reconhecimento de comando de voz em tecnologias muito atuais? Como funcionam os mecanismos de busca na internet? Já pensou nisso? Há mecanismos de busca baseados no uso de palavras-chave e os ainda mais precisos buscadores semânticos, ou seja, aqueles que geram resultados a partir do significado, do contexto e da intenção dos usuários. Como poderia haver o reconhecimento de voz se não fosse por meio de muita compreensão de como funcionam as línguas humanas? O conhecimento em Linguística está, portanto, em muitas tecnologias e pode ser aplicado em muitos campos do conhecimento e da vida.

LINGUÍSTICA APLICADA

Mas aí vem a Linguística Aplicada... Que adjetivo é este? O que será isso? Uma área, subárea, especialidade? Então podemos dizer que existe Linguística Pura e Linguística Aplicada, como nas ciências exatas? Ou Linguística Teórica e Linguística Aplicada, como em outras áreas? Há até uma disputa entre esses cientistas!

Talvez muitos já tenhamos assistido à série *The Big Bang Theory*. Os personagens que se consideram cientistas puros (os físicos) vivem pegando no pé do engenheiro, isto é, do "aplicado" que vive entre eles. Na série, é como se os físicos se achassem superiores. E eles ali se acham mesmo! Daí temos um problema que atravessa todas as áreas do conhecimento: a disputa entre teoria e prática. É como se a teoria fosse superior, em termos intelectuais, à prática. No entanto, muitas vezes, vemos alguém alegar que a prática é mais útil. Enfim, tudo isso para dizer que a Linguística e a Linguística Aplicada já viveram o mesmo conflito, embora se assuma, hoje, que a Linguística Aplicada não é uma aplicação das teorias linguísticas, ou seja, é um campo autônomo de conhecimento, com suas próprias teorias, seus métodos e abordagens.

De fato, a Linguística surgiu bem antes da Linguística Aplicada. A LA surgiu durante a Segunda Guerra Mundial, isto é, nos idos de 1940, quando se percebeu a imensa importância de ensinar línguas em tempo recorde, em especial a quem estava no *front* de batalha, como contam vários livros sobre as origens da área. Há um filme do diretor norte-americano Quentin Tarantino que mostra bem esse aspecto das línguas. É muito interessante, se olharmos por esse ângulo. O filme é *Bastardos inglórios*, violento e instigante, como tudo o que esse diretor faz. Trata-se de uma história que tem como personagens soldados, fiéis e traidores, de exércitos diferentes, com muitas línguas em jogo, inclusive usadas como estratégia para enganar inimigos, infiltrar-se em grupos ou ser descoberto e denunciado.

Bem, a história do mundo permite pensar que, para dominar, é importante saber a língua do dominado ou impor uma língua a ele; para dominar, é bem importante empurrar nossa língua para que o dominado a aprenda; ao contrário, para resistir, é preciso preservar nossa língua. E assim vamos... Nesse esforço, linguistas aplicados foram estudar e propor formas ágeis de ensinar e aprender inglês, por exemplo. Muitos materiais e métodos foram desenvolvidos com esse fim, nessa época. Aliás, até hoje o desenvolvimento de métodos de ensino e aprendizagem de línguas é um campo fértil. As escolas de inglês costumam fazer propaganda de métodos diferentes; os modos de ensinar prometem mais rapidez ou mais efetividade; os livros didáticos trazem esta e aquela novidade em relação a outros etc. A Linguística Aplicada teve, portanto, na origem, uma relação bem importante com o ensino de línguas estrangeiras ou de segunda língua.

LINGUÍSTICA APLICADA NO BRASIL

A Linguística Aplicada chegou ao Brasil, então, em meados do século XX, carreada por essa relação com o ensino de línguas estrangeiras ou L2 (segunda língua) e com uma ideia, que depois se foi apagando: a de que seria uma aplicação das teorias da Linguística. No entanto, não tardou para que as coisas fossem ganhando outra forma e outra força.

Nos anos 1960-1970, o Brasil desenvolveu uma preocupação adicional com nossas questões de alfabetização em massa, era preciso alfabetizar a população para que o país se desenvolvesse. Por aqui, tudo demorou mais do que nos países desenvolvidos, tudo veio mais tarde: o funcionamento da imprensa, a existência de escolas públicas para todos, a criação de instituições para a formação superior, os cursos de pós-graduação etc. Diante disso, fomos então massivamente analfabetos até bem tarde, já entrado o século XX. Até hoje, e a depender da classe social e de outras questões importantes, como raça e gênero, é fácil rastrear as pessoas analfabetas de nossa família (um avô, uma bisavó ou um parente mais velho) e mesmo as primeiras pessoas a terem estudos formais, as primeiras a terem curso superior, e daí por diante. Ainda hoje, muitas famílias celebram a entrada do primeiro membro do grupo na universidade ou a primeira a conquistar diploma do ensino superior.

Nesse esforço de compreensão, era preciso resolver o problema do analfabetismo. Entraram em cena, então, muitos linguistas aplicados, estudando o ensino de língua portuguesa para nós mesmos, os falantes nativos; o processo de alfabetização, suas técnicas e métodos; e a aquisição da leitura e da escrita. Foi aí que muitas teorias emergiram da própria Linguística Aplicada, e podemos considerar, com a professora Angela Kleiman, que a pesquisa especificamente em leitura foi uma área muito bem-sucedida desde então.

Retomemos agora: a Linguística Aplicada começa, internacionalmente, no esforço de guerra, a fim de desenvolver conhecimento principalmente sobre ensino e aprendizagem de línguas estrangeiras; segue envidando esforços para a redução do analfabetismo em países como o Brasil; e até hoje se preocupa muito com questões de ensino, aprendizagem, línguas (estrangeiras e materna), leitura e escrita.

Só que não é assim tão simples. Houve muito debate para se definir o que é a Linguística Aplicada; para desvencilhá-la de uma dependência da Linguística, como se uma fosse necessariamente subordinada à outra; para definir seus temas ou ampliar suas fronteiras. A Linguística Aplicada, é certo, usa e aplica conceitos e teorias da Linguística, mas vai além disso, em especial quando traz como eixo de suas reflexões e investigações os usos linguísticos e os problemas sociais, culturais, políticos, econômicos, históricos, entre outros. Por exemplo, as relações de poder na linguagem são questões centrais para a LA, que se preocupa com a linguagem como prática social em diversos contextos e, portanto, tem uma característica transdisciplinar, ou indisciplinar, como propõe o professor Luiz Paulo da Moita Lopes.

Houve e há muitos entendimentos sobre o fato de a Linguística Aplicada ser uma área transdisciplinar, que toma de empréstimo muitas teorias de outras áreas, mas que as transforma e revê, não ficando a dever nada a nenhuma delas. A LA tem, hoje, subcampos e objetos de interesse desenvolvidos, além das instituições que se dedicam à formação de linguistas aplicados e dos congressos voltados inteiramente às discussões pertinentes ao campo.

Já há bastante tempo é possível formar-se na graduação e/ou ter um diploma de pós-graduação em Linguística Aplicada, em várias partes do Brasil e do mundo. Os maiores congressos que existem, para citar um internacional e um brasileiro, são o da Association Internationale de Linguistique Appliquée (Aila), fundada em 1964, que roda o mundo e recebe cientistas de todas as partes do planeta, e o da Associação de Linguística Aplicada do Brasil (Alab), fundada em 1990, que promove o Congresso Brasileiro de Linguística Aplicada (CBLA). Em 2017, o Congresso da Aila foi no Brasil (Rio de Janeiro). Em 2021, ano já pandêmico, foi sediado em Groningen, nos Países Baixos, onde há uma excelente instituição de ensino e pesquisa no campo (parte das palestras pode ser vista nos vídeos disponibilizados na internet). Além dos congressos, existem revistas acadêmicas especializadas em temas caros à Linguística Aplicada, como a *Revista Brasileira de Linguística Aplicada* ou a *Trabalhos em Linguística Aplicada*, para citar apenas duas que publicam artigos sobre questões relacionadas aos usos da linguagem em contextos diversos.

A existência e a persistência da formação institucionalizada, de associações, de eventos, de pesquisas e de uma bibliografia consistente sustentam a área e ajudam-na a se fixar, sem perder a dinamicidade e a capacidade de diálogo com a sociedade. E a Linguística Aplicada tem isto de muito forte: a relação com os problemas sociais. Fenômenos que nos afetam interessam muito à LA, como, por exemplo, a aquisição da linguagem oral e da escrita, assim como o que acontece nas diversas situações de uso delas (o preconceito, a exclusão, o acolhimento, a construção das identidades, os processos de letramentos); as questões que envolvem as políticas linguísticas; as habilidades e as estratégias que os falantes, leitores ou escritores desenvolvem e usam; as metodologias de ensino e a formação de professores, entre outras. É bom que se reitere que os interesses da LA não se limitam às questões da escola ou da educação formal, embora ela também se debruce sobre isso.

Na página oficial da Alab, em agosto de 2020, o professor e linguista aplicado Vilson Leffa afirma que a LA é interdisciplinar e transgressora, isto é, ela é criativa em seu modo de pesquisar e propor soluções, inclusive quanto aos métodos de pesquisa, que não precisam ser vistos como fórmulas ou modelos prontos. Tem sido assim, em especial quando investigamos problemas e questões que pedem inovação, que são muito prementes em nosso tempo e em nossa sociedade. A LA tem criado novas metodologias tanto para o ensino e a aprendizagem de línguas quanto para o desenvolvimento das mais diversas pesquisas na área.

UMA AGENDA DA LA

Se pensarmos que as questões de ensino e aprendizagem de línguas têm forte relação com a pesquisa em Linguística Aplicada, esta é uma seara infinita de atuação profissional. Como vimos, no entanto, há outras possibilidades, todas ligadas a questões sociais que envolvem processos linguísticos ou de linguagens. Os linguistas têm lidado com imagens, com aspectos multimodais dos textos (isto é, que vão além do verbal), com tecnologias digitais e seus impactos na linguagem, com questões identitárias e interculturais, assim como com as diversas demandas relacionadas à inclusão social e educacional. Aliás, esse é um assunto que tem rendido muitos estudos em LA.

No entanto, dada a origem da disciplina, é fundamental conhecer as discussões que vêm ocorrendo ao longo das décadas, no sentido de que a LA possa ser uma ciência crítica, não subordinada a outras e nem a serviço sempre do dominador ou do opressor. É importante pensar em nossos contextos específicos de atuação e na formação que queremos promover nos cursos de Letras em que atuamos ou nos quais estudamos.

A LA hoje é uma área que busca compreender os usos da linguagem (ou das linguagens) e como ela é adquirida e usada para resolver problemas e situações da nossa vida; busca compreender questões relacionadas a diversas manifestações culturais envolvendo a linguagem, assim como as relações de poder que elas implicam. A LA se preocupa, portanto, em compreender o papel da linguagem humana, a fim de subsidiar decisões relacionadas à linguagem em diversas situações, como a educação e as políticas públicas sobre o tema. Ajuda-nos também a perceber a complexidade dos contextos de uso da linguagem e a compreender a riqueza deles. As discussões e pesquisas feitas em LA ajudam a perceber a importância e a necessidade de defender e preservar a variedade e a diversidade linguísticas, o que está diretamente relacionado ao respeito às identidades e às diversas culturas que compõem nosso país e à inclusão de pessoas dos mais diversos lugares e comunidades, como, por exemplo, aquelas que têm necessidades especiais ou as que estão fora de camadas privilegiadas da sociedade, das decisões políticas e econômicas, em todas as esferas do poder.

Como se pode notar, a LA não se restringe à aplicação de achados da Linguística. A adjetivação, no entanto, pode dar essa ideia, e de fato muitos a entenderam assim ao longo das décadas. Essa compreensão, no entanto, parece superada, e a pesquisa em Linguística Aplicada ganha força e respeito ao redor do mundo justamente porque dispensa o que Lars Sigfred Evensen, em palestra no Aila de 1996, chamou de "linguista de gabinete" (um personagem que não existe, segundo o linguista), isto é, a LA é produzida por pesquisadores e pesquisadoras que escolhem e sabem estar em contato direto com nossas questões e mazelas sociais, sendo curiosos, ativos e propositivos.

Diante disso, é comum, apenas para dar um exemplo, que os desenhos metodológicos da pesquisa em LA incluam o campo, isto é, métodos que visitam diretamente os contextos ou as questões investigadas. Isso, é claro, não deve desmerecer a Linguística (sem adjetivos), mas deve angariar o devido respeito à LA. Em muitos casos, essas e esses linguistas aplicados são chamados, por exemplo, a intervir em situações de conflito ou na criação de métodos e técnicas implicados no conhecimento de línguas e de ensino e aprendizagem, entre outros contextos e situações. Essa talvez seja sua faceta mais conhecida, mas há tantas quantas são nossas questões sociais ligadas aos fenômenos das linguagens.

ATIVIDADES

PARTE 1
Atividades de análise e reflexão

1. O que é e o que faz um linguista?
2. Que situações sociais deram início à Linguística Aplicada?
3. Linguística e Linguística Aplicada. Cumplicidade ou rivalidade? Como esses estudos se relacionam e se complementam?
4. Que questões estão na agenda dos linguistas aplicados hoje?

PARTE 2
Sugestões de atividades para aplicação na educação básica

Atividade 1

Pesquisa: Sua tarefa é descobrir mais sobre a Linguística e os linguistas. Faça sua pesquisa buscando respostas para essas duas perguntas: O que é Linguística? O que faz um linguista? Procure linguistas renomados para, junto com os colegas, construir um mural (físico ou digital) de estudiosos e estudiosas da linguagem, explicando brevemente o que eles e elas pesquisaram, propuseram, discutiram ou descobriram.

Atividade 2

Você escreve como fala? Para descobrir a resposta, grave uma fala contando um caso, um trecho de um filme ou uma situação que você achou engraçada. Depois, faça a transcrição de um trecho desse áudio, ou seja, escreva do jeito que você falou. A que conclusão você e seus colegas chegam diante do resultado dessa transcrição? Tentem pensar nos desafios da tarefa, assim como nas características da fala e da escrita.

Atividade 3

Tradução: Escolha um trecho de um artigo da revista *National Geographic* (em inglês https://www.nationalgeographic.com/) ou da *Wikipédia* (em outra língua que não seja o português), ou mesmo a letra de uma música em língua estrangeira, e coloque no tradutor automático (Google Tradutor ou outro). Depois, discuta com os colegas a qualidade da tradução, o que ficou bom e o que não está tão preciso assim. Com a ajuda do seu professor ou da sua professora de língua estrangeira, sugira as modificações que vocês fariam para essa tradução ficar ainda melhor.

Ensino de língua materna: gramática, texto, gênero

Ensinar língua materna no Brasil já foi sinônimo de aprender e decorar regras de gramática tradicional, para se alcançar o bom falar e o bem escrever. Até hoje há quem pense assim e, pior, nas escolas. Décadas atrás, era preciso saber o que se considerava certo e banir o que era considerado errado. O certo estava ligado ao português dos escritores já aclamados pela crítica e cujos livros constavam do cânone, até os exemplos dos dicionários e gramáticas eram retirados desses livros, ao passo que o errado se relacionava aos falares populares e às variantes usadas pelas pessoas que não pertenciam às camadas mais privilegiadas da sociedade. Para a gente comum, saber português era, então, da ordem do impossível, ao menos esse português considerado correto e puro. Qualquer outra forma era estigmatizada e poderia ser taxada de errada ou imprópria.

Críticas a esse português um tanto virtual, chamado por Carlos Drummond de Andrade, no famoso poema "Aula de português", de "mistério", já eram feitas desde o início do século XX. Os escritores modernistas, por exemplo, defendiam a língua normal, usada pelos falantes em situações cotidianas e informais, com suas colocações pronominais, expressões e conjugações diferentes da variante padrão. Um exemplo disso é o próprio poema "Aula de português", que pode ser encontrado no livro *Sentimento do mundo*, de Drummond, em muitas antologias posteriores e em muitos sites na web. Outro exemplo conhecido é o do poeta paulista Oswald de Andrade, que escreveu, em seu conhecido poema "Pronominais" (do livro *Poesia pau-brasil*), que a gramática daqueles que estudam manda falar "dê-me um cigarro", mas o bom brasileiro diz "me dá um cigarro".

Essa visão de língua presa à gramática normativa, à análise de frases e às regras de um português sem variantes foi, aos poucos, sendo substituída por uma visão que pensava a língua em seu uso, com suas diferenças e variações. Livros clássicos como *O texto em sala de aula*, organizado pelo professor João Wanderley Geraldi nos anos 1980, reuniam capítulos escritos por vários autores que mostravam a importância do texto, e não da frase isolada e descontextualizada, para o ensino de língua materna, focalizando tanto a leitura quanto a produção textual. Há, nesse livro, uma grande preocupação com transformações importantes no ensino, além da busca por novas práticas pedagógicas, numa época pós-regime militar. A ideia não era apenas debater, mas também propor novos modos, e mais efetivos, de ler e escrever em português.

Uma crítica recorrente, naquele momento e até hoje, era aos professores que se dedicavam unicamente a ensinar análise sintática. Não se tratava apenas de análises descontextualizadas, fora dos textos e das situações de comunicação, mas também eram criticados os mecanismos de avaliação e a relação estabelecida entre mestres e estudantes, de que faziam parte os castigos e as punições. Como disse Milton Almeida, um dos autores do livro organizado por Geraldi, a criança poderia até acertar o sujeito da oração, mas jamais seria o sujeito das próprias histórias.

Uma edição desse livro, de 2011, apresenta como novidade o texto de Lígia Chiappini, originalmente publicado na revista *Linha D'Água*, em 1986. Nele, a autora faz uma crítica à separação entre ensino de língua e ensino de literatura, fruto de uma concepção de língua e de ensino limitadas e alienantes, que ainda é praticado em várias escolas país afora. Ela também demonstra uma preocupação com o ensino de literatura como uso da língua, como material a ser trabalhado para desenvolver a compreensão de textos e a comunicação a partir deles, estimulando o senso crítico e o protagonismo do sujeito. Há a preocupação com o trabalho feito a partir do texto, e não visando apenas à norma e à gramática.

Segundo Lígia Chiappini, naquele tempo, quando a disciplina dedicada à língua usualmente levava o nome de Comunicação e Expressão, os professores até tentavam superar algumas coisas, como a separação entre ensino de língua e ensino de literatura, algo que encontramos fartamente até hoje nas escolas, mas nem sempre era assim, como ainda não é. Era preciso, para a autora, que houvesse uma integração desse trabalho nas salas de aula, pondo foco e energia na leitura e na produção de textos, favorecendo a criatividade dos estudantes, assim como seu senso crítico, formando, então, sujeitos do discurso, tanto como falantes quanto como escritores.

Nessa mesma época, muitos textos discutiam e questionavam o ensino de gramática. Havia fartamente críticas ao ensino da gramática normativa, inflexível em suas regras, que era ensinada, como já apontamos, tendo como base alguns autores canônicos da nossa literatura, em especial aquela considerada clássica e modelar. O livro *Língua e liberdade*, de Celso Pedro Luft, publicado em 1985, também é um clássico sobre esse tema. O autor abre sua discussão tecendo comentários sobre uma crônica de Luis Fernando Verissimo intitulada "O gigolô das palavras", título quase autoexplicativo, a fim de discutir o uso da língua sem amarras, com liberdade e criatividade. Ali, Luft defende que o ensino de nossa língua deveria ser mudado, abandonando-se uma visão gramaticista, alienante e opressora em favor de uma abordagem na qual os alunos se sentissem livres para explorar as potencialidades da língua e seu uso criativo. Dessa forma, os estudantes poderiam recuperar sua autoestima e sua segurança, quem sabe até chegar a uma intimidade em relação ao idioma do qual são falantes nativos.

Vários autores criticaram o ensino baseado na concepção normativa da língua, como Luft, mas também os linguistas Mário Perini, Sírio Possenti, Rodolfo Ilari, entre muitos outros e outras, usando como base para isso os estudos da Linguística e da Linguística Aplicada, inclusive contribuindo para a consolidação da LA no país. Tais estudos, ainda hoje defendidos pelos cientistas das linguagens, atentaram para os aspectos relacionados ao uso da linguagem nas situações da vida, como as variantes linguísticas, a adequação à situação e o registro (grau de formalidade), a dinamicidade (mutabilidade) das línguas, a competência e a criatividade dos falantes. Assim, os autores defendiam que o ensino de português fosse "uma tarefa de construção de conhecimentos por parte dos alunos, uma tarefa em que o professor deixa de ser a única fonte autorizada de informações, motivações e sanções", como escreveu Possenti em seu livro *Por que não ensinar gramática na escola* (Mercado de Letras/Associação de Leitura do Brasil, 1986: 95).

Além desses, os estudos sobre o texto nos trouxeram outra visão da língua e do ensino dela. Passamos, então, a perceber e a nos preocupar com fatores de textualidade, com os aspectos relacionados à coesão e à coerência dos textos, e também com as cadeias e redes que estruturam esses textos (cadeia referencial, rede causal, estrutura lógica etc.). Os textos deixaram de ser vistos como um conjunto de frases justapostas para se tornarem uma organização hierárquica e em rede. Por isso, não bastava compreender o funcionamento da frase para entender como eram os textos. Era preciso entender a estrutura e os mecanismos que relacionavam aquelas frases.

TEXTUALIDADE

Há muitas tentativas de definição de texto (e de discurso, mas este é ainda outro desafio), e todas dependem de uma perspectiva teórica e ideológica que os autores adotam, que terminam por ter implicações para nossas práticas em sala de aula. Os livros didáticos, por exemplo, que geralmente empregamos nas escolas, em todas as séries, não são materiais neutros. Eles materializam um modo de enxergar a língua e o discurso, uma perspectiva ou mais de uma, mesmo quando isso não é explicitado.

O material didático pode adotar uma abordagem fortemente normativa, buscando mostrar aos estudantes que a língua tem regras que precisam ser seguidas, e o que não for daquele jeito estará errado. Nesse caso, o material pode usar os textos como pretexto para mostrar como essas regras se aplicam ou como incorreções acontecem quando essas regras e formatos não são obedecidos. Por outro lado, uma abordagem mais discursiva e mais afinada com a Sociolinguística e com a LA pode ser usada. Nessa situação, teremos o texto como parte de uma situação comunicativa da qual participam pessoas e que, portanto, demanda a exploração de certas variantes e recursos linguísticos adequados à cena ou à situação comunicativa.

Nos anos 1990, o texto e o discurso se tornaram temas relevantes de pesquisa e debate na Linguística. A professora Maria da Graça Costa Val, por exemplo, propôs e trabalhou com uma definição de texto que circulou bastante. Para ela, o texto era (e aqui vamos transcrever letra a letra de seu livro *Redação e textualidade*, publicado pela Martins Fontes em 1991, p. 3) uma "ocorrência linguística, falada ou escrita, de qualquer extensão, dotada de unidade sociocomunicativa, semântica e formal". Assim, ele era considerado o uso da linguagem em determinada situação, cumprindo ou visando a cumprir certo objetivo ou função, negociado entre os participantes daquela situação de interlocução. Além disso, essa definição mencionava a presença de elementos, estruturas e formatos (unidade "formal") escolhidos pelos falantes/autores para compor aquele texto, compondo seu(s) significado(s). Essas escolhas, assim como a situação comunicativa em que o texto é usado, impactam os sentidos que o leitor constrói para si.

Destacamos aqui quatro características importantes para a textualidade: a articulação, a progressão, a continuidade e a não contradição. Segundo parâmetros muito usados nesses estudos, espera-se que um bom texto apresente ao leitor elementos que indiquem satisfatoriamente a conexão entre suas partes, ou seja, a lógica entre elas. Esse texto precisa ser bem articulado, evitando a fragmentação ou a mera justaposição de ideias desconectadas ou de difícil conexão.

Além do fator anterior, espera-se também que o texto progrida, ou seja, traga informações novas em suas partes, e não apenas retome, sem novidades, o que já foi dito. Essa progressão precisa ser bem dosada para que o texto não avance rápido demais, a ponto de o leitor não conseguir acompanhar o raciocínio ou os acontecimentos narrados. Por isso, é crucial saber quem serão os leitores e ter esse público-alvo em mente na produção do texto. Além disso, a continuidade entre as ideias ali postas também é esperada, já que o texto costuma versar sobre um tema, e as mudanças de tópico precisam estar bem sinalizadas para o leitor.

Quanto às contradições, tanto internas (enunciadas dentro do próprio texto) quanto externas (entre o que o texto diz e o mundo exterior), é preciso extingui-las. Caso elas existam, devem ter um propósito claro (mais ou menos explicitado) para o leitor.

É também Graça Costa Val que difunde a noção de textualidade, trazendo-a para o contexto brasileiro. Para a autora, a textualidade é uma característica fundamental dos textos, é o que faz com que eles sejam percebidos como textos, tanto em emissões orais quanto na escrita. Sabemos que, ao ler, podemos pensar que um texto faz ou não faz sentido, inclusive chegando a considerá-lo um bom ou um mau texto (de acordo com a linguista Ingedore Koch – na obra, em coautoria com Luiz Carlos Travaglia, *A coerência textual* (Editora Contexto), de 1990, p. 57 –, "não existe a sequência linguística incoerente em si e, portanto, não existe o não texto"). E isso depende de características dele, mas também de como processamos mentalmente esse material, e com que repertórios e conhecimentos conectamos as informações que construímos a partir dele.

Graça Costa Val dizia que os falantes/escreventes têm uma competência textual, o que lhes permite interpretar e produzir linguisticamente o que ouvem e leem. Esse texto precisa ser articulado, fazer sentido em dada situação, e o leitor precisa perceber isso. Para tal, precisa perceber os diversos elementos linguísticos que compõem o texto – escolhas lexicais, morfológicas e sintáticas, articuladores lógicos, elementos coesivos de retomada, entre outros – e estabelecer relações entre eles. Reparemos que, nessa época, os linguistas tinham o foco voltado sobretudo para os elementos verbais e ainda não se preocupavam muito em explicar o funcionamento dos elementos não verbais e do design na construção dos textos e em sua interpretação. Sem dúvida, é um desafio adicional considerar elementos que produzem sentido, mas que não são verbais.

Tanto Graça Costa Val quanto outros autores, como Luiz Antônio Marcuschi e Ingedore Villaça Koch, foram linguistas fundamentais para o desenvolvimento científico da nossa área, com publicações e cursos que fizeram enorme diferença para o pensamento sobre a língua e seu ensino nas escolas, a formação de professores e a formação de formadores de professores. Há ainda muitos outros linguistas, homens e mulheres, que contribuíram imensamente para o desenvolvimento da Linguística e da LA, em especial com aplicação para a escola, em todos os níveis de ensino. A mudança de pensamento quanto ao ensino de português, no entanto, ainda está em curso.

Duas outras noções são muito importantes quando falamos de texto e textualidade: coesão e coerência. Para compreender um texto, o leitor precisa perceber sua organização e a articulação entre seus elementos; para isso, o autor desse material precisa se preocupar em marcar a organização semântica dos elementos textuais. A coesão se constitui das formas de sinalização da lógica do texto e dos seus sentidos para o leitor. Podemos citar como mecanismos de coesão: as cadeias referenciais ("Pedro" retomado pelo pronome "ele"; "A casa" retomado pelo advérbio "lá" etc.); as conjunções, que marcam as relações lógicas entre as sentenças (mas, porque, enquanto etc.); os advérbios, que marcam, por exemplo, a maneira como uma ação aconteceu (lentamente, agressivamente, adequadamente) ou também uma relação lógica (consequentemente); os verbos, que ajudam a marcar e a estabelecer a lógica do tempo, do modo e das pessoas daquele discurso; entre tantos outros elementos que sinalizam para o leitor um possível caminho para os sentidos a serem construídos para aquele texto, o que, por sua vez, constitui a coerência.

Coerência é um termo de difícil conceituação. Ela está relacionada à possibilidade de construção de sentidos de um texto e, portanto, tem uma grande relação com a capacidade do leitor de fazer inferências, ou seja, de mobilizar seus conhecimentos e seu raciocínio para produzir sentidos a partir dos elementos indicados no texto. É bom lembrar que o sentido não está pronto no texto, ele precisa ser construído pelo leitor, que deve levar em consideração os elementos escolhidos para estarem no texto, assim como o contexto em que esse texto foi produzido ou está sendo usado. Essa noção de que os sentidos são construídos na interação entre leitor e texto não surgiu facilmente, embora hoje possa até parecer óbvia. As teorias sobre a leitura oscilaram do texto (tudo está nele) ao leitor (tudo é decidido por ele) por muito tempo, sem encontrar um ponto de equilíbrio. Ou havia restrição demais ou uma espécie de vale-tudo. É importante chegar a esse meio-termo, que finalmente pondera sobre a necessidade de que tanto o leitor seja, afinal, o "lugar" onde o texto se completa quanto o texto tenha, sim, seus parâmetros e indicações a serem lidos.

Os estudos do texto e da textualidade levaram linguistas e professores a perceber a importância de considerar outros aspectos dos materiais lidos, tais como a situação comunicativa. Isso levou aos estudos dos gêneros e tipos textuais, da multimodalidade, entre outros aspectos que estão, hoje, na cena e continuam ajudando a repensar o ensino de português. Foram fundamentais para essa mudança autores como Charles Bazerman, por exemplo, amplamente traduzido no Brasil, e a professora Roxane Rojo, pesquisadora e docente brasileira. Antes de falar das contribuições desse autor e dessa autora para a discussão, trataremos de outra noção importante para os estudos do texto e da textualidade: a retextualização.

RETEXTUALIZAÇÃO

Já mencionamos aqui o professor Luiz Antônio Marcuschi, que é referência fundamental nos estudos do texto e do discurso no Brasil. Também são dele os primeiros e mais conhecidos estudos sobre o que se chamou de retextualização, tema que se espalhou e ganhou a contribuição de várias outras linguistas, como Maria de Lourdes Matêncio, Regina Péret Dell'Isola e Raquel Salek Fiad, por exemplo.

Podemos definir retextualização como o trabalho sobre um texto original para transformá-lo em outro texto, em especial alterando também seu propósito comunicativo. O livro mais conhecido de Marcuschi tem o título *Da fala para a escrita, atividades de retextualização*, obra que tem uma característica que encanta muitos professores e professoras: dá sugestões de atividades para a sala de aula. A retextualização era vista tanto como um processo possível entre os processos de escrita quanto como uma forma de ensinar a escrever, tornando a reescrita e os exercícios de transformação de gêneros em algo que despertasse os estudantes para uma produção textual mais plástica e dinâmica.

Retextualizar tornou-se importante para a percepção das possibilidades dos textos, sua revisão, sua retomada em outros textos, sua transformação em textos diferentes, sua inter-relação com outros discursos e outros materiais, seu diálogo com outros textos, autores, artes e situações. Bakhtinianamente, nenhum texto nasce do nada ou vem do zero. Nossos discursos são parte de uma corrente ininterrupta de discursos, e os gêneros discursivos fazem parte disso. Não estão isolados, mas são parentes uns dos outros, se interinfluenciam, trocam aspectos formais e semânticos etc. Um texto traz em si partes do que já foi dito em outros textos. E a retextualização ajuda a exercitar esses trânsitos, inclusive evitando o mito da originalidade absoluta ou tornando os textos mais próximos de um trabalho humano, às vezes árduo, outras vezes prazeroso.

Na esteira do professor Luiz Antônio Marscuschi, mencionamos também a professora Regina Péret Dell'Isola, com um livro igualmente importante e encantador para professores, o *Retextualização de gêneros escritos*. Nele, a autora aborda as modalidades diferentes dos textos, como os intercâmbios possíveis entre a fala e a escrita, mas também a retextualização dentro da mesma modalidade – fala/fala ou escrita/escrita. Seu material apresenta fartos exemplos e dá sugestões de atividades para as salas de aula, em vários níveis de ensino. Um exemplo é a transformação de uma reportagem para que se tornasse o editorial de um jornal. Nessa situação, o suporte e o domínio discursivo (jornalístico) eram mantidos, mas a composição do texto deveria mudar. Outro exemplo é o artigo de opinião a ser retextualizado como poema, uma atividade bastante desafiadora, dadas as diferenças entre os dois gêneros e as características muito particulares do gênero literário em foco. Qualquer atividade dessas exige o conhecimento de pelo menos dois gêneros textuais para que se tornasse possível replanejá-los, tornando o texto-fonte um outro texto, de outro gênero, quase como em uma espécie de tradução, com bastante trabalho de alteração e ajuste.

Na mesma época e com objetivos semelhantes, a professora Maria de Lourdes Matêncio publicou alguns estudos sobre retextualização, também muito ocupada da sala de aula e do ensino de língua materna na educação básica. A autora se dedicou a uma relevante discussão sobre reescrita e retextualização, diferenciando essas duas operações. A reescrita pode ser descrita como o refinamento de um texto, levando a uma nova versão dele, dentro da mesma modalidade e geralmente sem alterações muito profundas de gênero ou propósito comunicativo. Esse tipo de operação, complexa e interessante, deveria ser feita nas escolas para que os alunos percebessem que a escrita é um processo, demanda vários olhares, várias camadas de tratamento, até que se chegue à versão final de um texto – ou a uma versão a ser entregue, já que há sempre algo a rever. A retextualização, por sua vez, seria a produção de um novo texto, com propósito comunicativo diferente do texto tomado como base.

Para além, então, dos aspectos interessantes e importantes dos processos de produção de textos, tornou-se muito difícil manter a ideia de criatividade como algo inacessível e para poucos. Tomávamos consciência de que os textos não nasciam do nada, não nos chegavam por um milagre. Os escritores não contavam (apenas) com um dom, mas, sim, aprendiam a trabalhar em seus textos. Esses textos dependem de nosso repertório, de nossos conhecimentos e da participação em práticas sociais, de nossos letramentos (e dos eventos de letramentos aos quais temos acesso e dos quais participamos), dos gêneros discursivos com que temos contato, que efetivamente usamos ou que vamos aprender na escola ou em situações específicas onde eles farão sentido. Os textos não existem isolados uns dos outros. A retextualização e a reescrita passaram a ser aspectos fundamentais dos processos de produzir textos. Aliás, escrever deixou de vez de ser algo mágico para se tornar um processo acompanhável pelo professor, algo que devemos avaliar durante a produção, e não apenas ao final, como se apenas os produtos importassem.

Os exercícios de retextualização, naquele momento, ganharam centralidade, apareceram nos livros didáticos e técnicos, ocuparam as discussões sobre ensinar língua materna, tornaram-se estratégia de produção textual, provocaram uma lentidão necessária ao escrever, ao redigir, isto é, reler, modificar, revisar, transformar se tornaram etapas (e nem sempre lineares, regulares) da produção de textos. É possível começar um texto a partir de outro; usar uma notícia como fonte para um conto; uma entrevista oral como material para uma reportagem; uma placa de aviso como gatilho para um poema; um texto opinativo pode partir de uma reportagem jornalística; e assim por diante. Ainda hoje, muitos linguistas e professores estudam o texto e a produção textual pensando no que também pode se chamar revisão, ou seja, entendem o ato de rever um texto, relê-lo fazendo ajustes, como algo intrínseco ao processo de redigir, inclusive propondo práticas aos professores e aos estudantes: trocas entre pares, leituras e revisões cruzadas, revisões coletivas, assim como uma interação mais efetiva e dialogada entre professores e alunos no processo de "correção de redações".

Um aspecto para o qual queremos chamar a atenção é a abordagem da oralidade nas aulas de Português, em especial na educação básica. A escrita tinha (e ainda tem) um protagonismo muito grande, inclusive sendo considerada modelo até para a fala. No entanto, com o passar das décadas, os estudos linguísticos foram reconduzindo o foco para a fala, o texto oral, as interações, pondo esse objeto no centro dos estudos científicos. Isso, é claro, também influenciou os livros didáticos e a formação de professores, chegando ao chão da sala de aula. Esse vaivém se deve às diferentes fontes onde o pensamento sobre o ensino de língua ia beber. Enquanto a escrita era ensinada como algo de alto prestígio e tinha como modelo os livros literários consagrados, a fala era tida como algo menor, menos importante. Os estudos linguísticos equilibraram isso, e sua influência sobre a formação docente e os currículos escolares acabou gerando uma mudança nos objetos de ensino e nas abordagens da oralidade e da escrita na escola.

REDAÇÃO E PRODUÇÃO TEXTUAL

Em relação à escrita, a discussão sobre processo e produto foi aprofundada depois dos anos 1980, no Brasil. O professor João Wanderlei Geraldi, já mencionado aqui, foi um dos mais influentes linguistas a propor uma mudança de palavras que, a rigor, pretendia uma mudança de cultura e de postura muito mais profundas para o ensino de português. Contra uma noção de "redação" como um texto a ser escrito descontextualizadamente sem as condições de produção explicitadas, ele propunha uma noção de "produção de textos" completamente afim com o contexto, com os objetivos de um texto (verossímeis, de preferência), a atenção ao gênero textual, à emergência de um sujeito que diz algo a um leitor, mesmo que esse leitor seja, afinal, um professor ou uma professora. O ideal, inclusive, era mexer nas próprias condições da sala de aula, tornando esse tipo de atividade mais situada, mais próxima de uma demanda de escrita que provocasse a comunicação, a troca e o diálogo efetivos. O texto deveria partir de condições informadas e seguir para uma condição de leitura. Hoje, poderíamos pensar inclusive em formas de publicação ou de simulação de situações comunicativas usando tecnologias que facilitam isso. E é assim que muitos professores de Redação ou de Produção de Textos conduzem seus trabalhos, evitando aqueles exercícios de escrita completamente alienados e alienantes, sem função alguma, exceto a de dar uma nota sem o devido acompanhamento dos processos que levaram àquele produto.

Essa discussão teve forte influência na formação docente, nas escolas, na formação continuada de professores e mesmo nos documentos oficiais do país quanto ao ensino de língua. Como essas mudanças culturais são lentas, o potencial dessa mudança de perspectiva ainda está em curso e sempre precisa ser reforçado e discutido, em todos os níveis de ensino. A escrita continua sendo um enorme desafio para a formação escolar e de cidadãos e cidadãs letrados. O Exame Nacional do Ensino Médio (Enem), por exemplo, mantém uma das etapas com o nome de "Redação" e pressiona fortemente as atividades no ensino médio (quando não antes...) na direção de um texto próximo da fórmula. Temos ainda muito o que caminhar entre o ensinar a escrever e aproximar as pessoas da produção de textos e o fazer um exame.

GÊNEROS E TIPOS TEXTUAIS

Considerar a situação comunicativa significa estar atento ao fato de que todo texto é fruto de um uso da linguagem, feito por alguém para dizer alguma coisa para outrem, a fim de cumprir um objetivo. Quando se tem isso em mente, talvez seja mais fácil saber qual gênero textual atenderá à demanda (ou quais gêneros, a depender do caso). Para um exemplo simples: se queremos convidar alguns amigos para nossa festa de aniversário, sabemos de antemão que vamos precisar produzir um convite. Essa conexão é feita com conhecimentos que dizem respeito às situações comunicativas e a essas peças que fazem a intermediação entre as pessoas. Os gêneros podem ser tanto peças simples e muito populares até textos complexos e nada intuitivos, muito convencionais ou ligados a contextos e situações bastante específicos. Na escola, podemos aprender uma parte deles, mas certamente aprenderemos outros ao longo da vida, em situações diversas. O convite de aniversário pode ser usado como atividade na escola, ajudando-nos a perceber questões e elementos dessa situação de produção textual, mas também pode ser uma demanda real, que podemos executar, hoje, usando aplicativos tecnológicos impensáveis algumas décadas atrás. Nos dias que correm, convites de aniversário são enviados em papel, mas também por e-mail, por redes sociais e por WhatsApp. E quem haverá de negar esses modos de produção e circulação tão comuns e tão transformados de uns tempos para cá? Todos esses elementos e possibilidades estão na nossa mira, como linguistas aplicadas e como professoras.

Tal como afirmou o filósofo da linguagem Mikhail Bakhtin, os gêneros textuais são "relativamente estáveis", por isso temos em mente uma composição básica do que precisa ser feito e das informações que devem constar nos textos que produziremos. Continuando no exemplo do convite de aniversário, sabemos que algumas informações precisam estar ali, como o motivo da festa, o dia, o horário, o local, e, em alguns casos, o traje adequado e um pedido de confirmação (RSVP). Para convencer ainda mais o convidado, o produtor ou a produtora desse texto sabe que precisa caprichar no formato, nas cores, nas fontes e imagens que vai usar, para que o convite fique bonito e convincente, além de correto em termos de precisão das informações.

Quando nos comunicamos, ativamos os gêneros textuais, e cada situação demanda o uso de determinado gênero. Alguns deles são a notícia, o e-mail, a piada, o meme, o poema, o conto, uma regra de jogo, uma receita culinária, entre tantos outros. São muitos os gêneros textuais que circulam em nossa sociedade, seja oralmente, seja por escrito, seja em gestos (como Libras). Os textos escritos podem existir por meio de tecnologias impressas ou digitais.

Ponderamos aqui que talvez seja impossível contar ou fazer uma lista exaustiva de gêneros de texto e, como são sempre criados novos gêneros, essa lista ficaria desatualizada em pouco tempo. No entanto, acontece diferente com os chamados tipos textuais, que compõem cada um dos gêneros. São eles: narrativo, descritivo, dissertativo, injuntivo e expositivo. Essa classificação pode variar um pouco entre os autores que as propõem, mas tem sido amplamente aceita entre linguistas e professores. Há quem acrescente a ela o tipo dialogal. Com sequências desses tipos textuais, podemos fazer os mais diversos gêneros. Alguns textos trazem predominantemente um desses tipos, mas, na maioria dos casos, temos mais de um deles constituindo um texto.

Talvez o mais importante na noção de gênero textual seja considerar que esses formatos se estabilizaram porque são fruto de uma construção social que se aperfeiçoou, e continua fazendo isso, para que os gêneros sejam eficazes nas situações comunicativas em que cabem ou que os demandam. Com o uso, uma composição "relativamente estável", nas famosas palavras de Bakhtin, se consolida porque atende bem àquela situação comunicativa, ajudando o falante ou escrevente a realizar, de forma satisfatória, certo tipo de comunicação. E tudo isso muda levemente também.

Considerar o contexto como parte importante do processo de produção e de recepção dos textos é um aspecto fundamental dos estudos dos gêneros textuais (trataremos disso com mais vagar nos próximos capítulos). O importante aqui é saber que todo esse movimento culminou nos estudos dos letramentos e multiletramentos, que serão abordados logo mais e que têm forte influência sobre o ensino de língua portuguesa hoje, tanto na formação de professores e professoras quanto diretamente nas escolas.

ATIVIDADES

PARTE 1
Atividades de análise e reflexão

1. Como se ensina língua materna? Trace um paralelo entre uma concepção tradicional do ensino de língua materna e uma concepção que incorpora as teorias linguísticas mais contemporâneas.
2. O que é textualidade e como ela funciona/se manifesta?
3. O que são retextualização e reescrita?
4. Qual é a diferença entre gêneros e tipos textuais?

PARTE 2
Sugestões de atividades para aplicação na educação básica

1. Narrativas de aprendizagem: como foram suas experiências de aprendizagem nas aulas de português? Alienantes, libertadoras ou um pouco de cada? Conte como foram essas experiências, como você se sentiu, o que elas representaram e como elas influenciaram sua relação com os textos.
2. Escolha um texto narrativo (ou um trecho) e marque com cores diferentes alguns recursos linguísticos indicados na lista a seguir:
   a. Elementos que retomam as personagens (ex.: "Pedro" retomado por "ele"; "Marta" retomada por "a menina");
   b. Elementos que marcam o tempo (ex.: "Hoje", "ontem", "amanhã", "depois" etc.; desinências verbais: "estou" marca o presente, "falei" marca o passado);
   c. Elementos que marcam os lugares (ex.: "A casa" retomada por "lá")
   d. Elementos que marcam relações lógicas entre as sentenças (ex.: "mas", "porque" etc.);

e. Elementos que marcam a forma como as ações aconteceram (ex. "devagar", "agressivamente", "com calma").

Agora que você marcou o texto com cores diferentes, o que isso o leva a pensar sobre a construção/a estrutura de um texto? Você acha que esses elementos ajudam os leitores na produção de sentidos? Explique como.

3. Retextualização: escolha uma notícia bem curiosa, bizarra, estranha ou mesmo feliz em um jornal ou site. Use-a como fonte para escrever um conto. Pode até ser outro gênero, desde que a notícia funcione como mote para sua imaginação e sua retextualização.

4. Escolha três textos e identifique quais são os tipos textuais que compõem os exemplares desses gêneros textuais.

Tecnologias digitais, textos e ensino

Até aqui, vimos que a Linguística Aplicada teve e tem como uma de suas linhas de força os estudos do ensino e da aprendizagem de línguas, inclusive materna. O desenvolvimento de teorias e abordagens nessa área influenciou e influencia todos os elos ligados à educação, por exemplo: vão da formação de novos professores aos documentos que regulam e parametrizam a educação no país, em todos os níveis, passando pela formação continuada dos docentes, que precisam sempre se atualizar em suas atividades e seus conhecimentos. Ao longo de mais de um século, o debate sobre abordagens e perspectivas de ensino de língua portuguesa nunca perdeu fôlego. Abandonar uma noção de que aprender português era saber gramática normativa e passar a uma perspectiva segundo a qual o eixo do ensino e da aprendizagem da língua é o texto, de preferência em situações de interação e comunicação, é uma mudança importante e que ainda não se efetivou completamente. As pessoas licenciadas até os anos 1980 no Brasil provavelmente não ouviram falar de letramentos ou de gêneros textuais. Depois dessa década, muitas mudanças aconteceram, e a Linguística Aplicada é um campo muito ativo nos debates sobre ler, escrever e práticas sociais que ampliam condições de cidadania e dignidade.

Desde pelo menos os anos 1980, uma das preocupações da LA no que toca o ensino de línguas é a relação entre leitura, escrita, textos e tecnologias. Podemos dizer que os textos escritos não vivem sem as tecnologias, isto é, podemos entender a própria escrita (no nosso caso, a alfabética) como uma tecnologia, sem falar nos recursos necessários para executá-la (como: lápis, caneta, papel, computador), materiais onde ela circula (como: cadernos, cadernetas, livros, jornais, embalagens, sites, entre tanto outros) etc.

A relação entre textos e tecnologias é complexa e de mão dupla. Há interações em que o texto influencia a tecnologia, que, por sua vez, vai sendo aperfeiçoada ou adaptada, enquanto, de outro lado, a tecnologia derrama sua influência sobre o texto, inclusive de maneira criativa. A produção de um texto inscrito na pedra é difícil e lenta, e armazenar esse material demandou de nossos antepassados força física e muito espaço. Textos escritos em pergaminhos (materiais feitos com pele de animal) facilitaram esses processos de escrita, de transporte e de armazenamento, embora tanto a escrita quanto os materiais ainda fossem raros e caros. Mais adiante, com o surgimento dos predecessores do papel e o aparecimento dele mesmo, outras mudanças vão se agregando e provocando inovações que transformam o acesso à leitura e à escrita. A invenção da encadernação em códice (formato de livros em páginas, que usamos até hoje, em lugar do rolo), por exemplo, é uma inovação tecnológica que fez enorme diferença não apenas para os custos de produção dos livros, mas também para as práticas da escrita e da leitura. Materiais, formatos, técnicas... tudo faz parte de mudanças tecnológicas que afetam nossos modos de fazer, de aprender e de consumir textos. Não há hipótese de que a leitura e a escrita possam ser tratadas de maneira a abstrair as condições materiais em que foram pensadas, produzidas e postas em circulação, embora por muito tempo os textos tivessem sido estudados como objetos puros. Nos estudos linguísticos, há especialidades que tratarão os textos com mais abstração, mas, em LA, isso dificilmente acontecerá. A Linguística Aplicada tem entendido a leitura e a escrita como práticas sociais há décadas, e isso favorece um olhar ao objeto com muita dinamicidade.

Um exemplo dessas mudanças que impactam muito os estudos de LA e de ensino e aprendizagem são os computadores e a internet. A percepção de que essas invenções alterariam nossa paisagem comunicacional vem de décadas atrás, após a Segunda Guerra Mundial (aliás, algo em comum com a própria LA). Nos anos 1990, apenas para dar um exemplo, um grupo de professores de inglês se reuniu nos Estados Unidos e tratou de aspectos dos letramentos que diziam respeito ao que eles então chamavam, sem muita especificidade, de "novas mídias". Esse grupo, com pessoas de diversos países anglófonos, ficou conhecido como New London Group e publicou, em 1996, um texto propositivo sobre uma necessidade de mudança no ensino de línguas e nas escolas, de maneira geral. Uma das percepções que eles tinham era a de que as novas mídias provocariam mudanças importantes nos textos e nos modos de ler e escrever, e a escola deveria estar não apenas atenta, mas ativa em relação a essas mudanças.

Hoje, talvez seja difícil imaginar o mundo pré-editores eletrônicos de textos, mas muita gente viveu aquele momento, escrevendo analogicamente e lendo apenas materiais impressos. Pode-se dizer que agora, entrado o século XXI, com os computadores plenamente disseminados, mesmo em países ainda em desenvolvimento, escrevemos com muito menos esforço físico, usando teclados e telas. Os textos muitas vezes nem precisam ser transportados ou enviados em mídias físicas porque estão "na nuvem". No entanto, em alguns casos, precisamos seguir as regras dos aplicativos ou dos ambientes e plataformas em que nossos textos serão publicados, o que guarda relação com os gêneros textuais. Um exemplo clássico disso são as mensagens na rede social Twitter, que durante muito tempo limitou as postagens ao máximo de 140 caracteres (depois passou para 280), apenas com palavras. Ao escrever ali, portanto, temos indicações e restrições que devemos cumprir, sem escolhas ou autorização para modificar os próprios programas ou redes. No entanto, também é importante saber que os fluxos e as práticas sociais demandam essas redes, que são, afinal, operadas por pessoas. À medida que as interações acontecem e as necessidades comunicacionais surgem, as restrições e as regras podem também ser mudadas, de forma a evoluírem com o passar do tempo.

Desses ambientes digitais que são cenário de muitos tipos de interação entre pessoas que leem e escrevem, falam e ouvem, assistem e fazem tudo isso convergentemente, surgem composições de textos que antes não existiam ou que até se parecem com gêneros mais antigos, mas com novas características, muitas vezes exigidas pela operação da plataforma. Escrever no Facebook é bastante diferente de produzir textos para o Instagram, por exemplo, a começar pelo fato de que uma rede prioriza as postagens verbais, enquanto a outra prioriza a imagem, com pouco espaço para legendas. Esse tipo de "espaço de escrita", como dizia Jay David Bolter no início dos anos 1990, baseado na internet trouxe novos encantamentos e novas preocupações para os estudos linguísticos, o que logo desaguou nas salas de aula.

Bem, quando Bolter estudou os textos da web e focalizou uma novidade então chamada de "hipertexto", o Facebook e o Instagram estavam ainda longe de existir. A escrita e a publicação na web, então chamada de web 1.0, ainda era muito limitada a especialistas ou iniciados. Mas não demorou para que novas tecnologias surgissem e trouxessem mais condições de escrita, leitura e publicação a pessoas comuns, por meio de interfaces intuitivas e simples. Os textos passam então a circular profusamente, e os conhecimentos sobre isso vão também sendo alimentados pela pesquisa em Linguística Aplicada. Investigar o funcionamento dos textos na web, o hipertexto, a maneira como são produzidos e, principalmente, como são lidos por leitores que aprendiam a lidar com links e navegações foi tema de congressos, convenções e livros. Essa é, ainda hoje, uma linha de investigação muito produtiva em Linguística Aplicada ao redor do planeta.

Já mencionamos aqui a teoria de Mikhail Bakhtin sobre os gêneros discursivos e sua "relativa estabilidade", ou seja, a existência de uma forma esperada ou de uma composição com certas características que configuram um texto e nos permitem reconhecê-lo, identificá-lo, usá-lo. Isso, no entanto, não é engessado. O professor Marcuschi, profundo conhecedor de Bakhtin, dizia que não podíamos nos esquecer do "relativamente". Esse advérbio é fundamental para que possamos lidar com a diversidade de textos que existem e o surgimento de outros. Textos podem, portanto, ser alterados ou flexibilizados, conforme os muitos elementos em jogo nas interações. Por exemplo, espera-se que uma notícia tenha determinado formato, e esse formato é inclusive ensinado nos cursos de Jornalismo. O autor desse texto, por seu turno, pode optar for fazer inversões na ordem e na forma de narrar um fato, embora isso possa ser entendido tanto como uma transgressão bem-sucedida quanto como um problema de redação. Se algumas escolhas podem ser feitas, outros elementos devem se manter estáveis. Uma capa de jornal, por exemplo, costuma ser composta com uma manchete no alto e as demais notícias hierarquizadas abaixo. Tamanhos e posições de textos são designados conforme a relevância atribuída às notícias, o que também é percebido pelos leitores do noticiário: sabemos o que é mais importante conforme o layout dos títulos e resumos. A troca inadvertida de posições e ordens pode criar problemas de leitura preocupantes.

O exemplo da notícia é típico, já que se trata de um gênero bastante estável. Mesmo assim, ele sofreu muito impacto das tecnologias digitais e foi intensamente rediscutido nos anos 1990 e 2000, até hoje. A começar pelo fato de que vários jornais impressos acabaram dando lugar a muito mais espaços digitais de publicação de notícias, podemos dizer que um jornalista atual produz textos de maneira bem diferente de um jornalista de meados do século XX. Os jornalistas do nosso tempo precisam pensar em mais canais e numa circulação bastante mais complexa.

Outros gêneros textuais podem ser usados como exemplo dessa relativa estabilidade: os poemas geralmente são escritos em versos, podendo rimar ou não, tendo formas menos e mais livres, tendo título ou não. Mas, mesmo eles, hoje podem circular por blogs, revistas eletrônicas ou ser produzidos em vídeos, o que torna os poetas pessoas que precisam pensar o texto e a mídia. Coisas assim significam que, na noção de gênero textual, a capacidade de mudança é considerada, e ela não é mero detalhe em nossa relação com os textos. Como professores de língua materna, não estamos dispensados de refletir sobre isso e, principalmente, de tornar essas questões centrais em nossa sala de aula, tanto para ensinar quanto para aprender.

Vamos fazer uma viagem no tempo? Que tal imaginar como, em meados do século XIV, alguém lia e escrevia? Usando que recursos e materiais? Que tecnologias estavam disponíveis naquela época? Quão distribuídas e acessíveis essas tecnologias eram? Havia menos gente alfabetizada, por exemplo? Como os textos efetivamente eram produzidos? E como eles ganhavam condições de circulação? Quão ampla era essa circulação?

Agora, vamos avançar ao século XVI, quando a prensa de tipos móveis já havia sido inventada por Johannes Gutenberg, na Alemanha. Que fatos históricos relacionados às tecnologias para escrever e ler já teriam alterado esse panorama? Como uma pessoa acessava a leitura, a escrita e os livros? Que recursos poderiam ser usados então? E que relações a existência desses recursos e dispositivos tinha com os textos já existentes e com outros que passariam a circular? Tudo isso nos faz pensar em aspectos importantes para as questões de leitura e produção de textos, mesmo que pareçam fatos históricos distantes de uma sala de aula comum do século XXI.

Bem, como já sabemos, a invenção da prensa é atribuída a um alemão, Johannes Gutenberg, em meados do século XV. Tratava-se de uma máquina de imprimir muitas cópias exatas de um texto, em menor tempo do que um manuscrito, usando uma tecnologia que envolvia ligas metálicas, fundição de tipos (letras) e toda uma técnica para impressão. É apenas vagamente possível para nós, hoje, imaginar um mundo sem textos impressos ou em que apenas se faziam cópias à mão. Mas esse mundo já existiu. Talvez possamos traçar uma analogia com um mundo bem menos distante: aquele sem computadores, softwares de edição de textos e internet. Que tal?

Já que vivemos hoje, neste mundo de muitas possibilidades tecnológicas para a escrita e a leitura, é sobre ele que vamos pensar também na relação com o ensino e a aprendizagem de línguas, em especial a materna. Esse é um tema caro à Linguística Aplicada já há algumas décadas. Por ser uma questão social relevante, com impacto em toda a nossa relação com os textos e a leitura, os linguistas aplicados vêm se dedicando a pesquisar e experimentar as novas relações entre as tecnologias e nossas possibilidades e modos de ler e escrever, com efeitos até mesmo sobre nossa cognição, isto é, nossas conexões mentais, para o bem e para o mal.

No final dos anos 1980, mesmo nos 1990, essas questões até podem ter sido consideradas por alguns como irrelevantes ou "modas", mas logo elas se mostraram cruciais para os estudos de linguagem e, em especial, para as questões de ensino e aprendizagem. Nesse período, a educação escolar estava envolvida de maneira fundamental nesse assunto, embora esse enfrentamento ainda precise avançar muito. Sendo assim, noções como a de hipertextualidade, navegação, compreensão e produção de textos, também em ambientes digitais, e diversas questões ligadas a elas, como a administração de diversas abas, janelas e possibilidades, a interação com diversas fontes, as estratégias de busca, a confiabilidade das informações, entre outros problemas e temas, deveriam passar a fazer parte das discussões e do currículo escolar, como já é feito em alguns poucos países. Sabemos que, ainda hoje, isso não acontece de forma satisfatória, além de envolver diversas questões, sobretudo políticas, sobre as quais não nos aprofundaremos neste livro, mas elas merecem a atenção e a preocupação de quem se envolve com Linguística Aplicada e educação. E como dizemos nas redes sociais: #ficaadica.

ALFABETIZAÇÃO, LETRAMENTOS E MULTILETRAMENTOS

Já mencionamos que as questões de leitura e escrita são centrais para a Linguística Aplicada e, é claro, para o ensino e a aprendizagem de língua materna. Isso significa investigar desde as questões de alfabetização de crianças (e mesmo de adultos) até os processos de apropriação de práticas leitoras e escritoras, assim como de tecnologias que estão relacionadas a elas. Num país como o nosso, em que a desigualdade econômica e social tem raízes profundas e efeitos devastadores, é importante dar a devida dimensão à exclusão provocada pelo analfabetismo e ao letramento mais amplo, incluindo nuances mais recentes dele, como o letramento digital, isto é, relacionado a tecnologias mais recentes.

Em nosso contexto, uma discussão importante sobre a alfabetização e a aprendizagem funcional da leitura e da escrita emergiu com força nos anos 1980. Esse tipo de debate nunca acontece isoladamente, mas, sim, no diálogo com outros pesquisadores, em outros países, já que são questões que ocupam professores e professoras no mundo inteiro. De cá, um dos maiores educadores do mundo exportou conhecimentos e procedimentos de alfabetização que são reconhecidos até hoje. Era Paulo Freire, com sua experiência de ensino e aprendizagem no interior de um Brasil pobre e desigual. Quando mencionamos aquele manifesto escrito por dez professores de inglês, o New London Group, é bom que se destaque que eles eram tributários das ideias de Paulo Freire, assim como pesquisadores e professores em todo canto do planeta.

Em nosso país, até meados daquela década de 1980, a alfabetização era pensada como um processo cognitivo individual. O ponto sensível do debate, e que gerava e ainda gera polêmica, era a questão dos métodos de alfabetização. Consideravam-se dois grandes polos: os métodos globais e os métodos chamados de fônicos. Os métodos globais eram aqueles que se caracterizavam por ensinar a ler a partir de pequenos textos narrativos, com histórias como a dos Três Porquinhos ou da Bela Adormecida, por exemplo. Desse modo, aos poucos, os alunos aprendiam a identificar palavras, separar suas sílabas, até chegar aos grafemas. Tratava-se, portanto, de um percurso que ia do maior para o menor, por uma espécie de dedução.

Os métodos fônicos, por sua vez, eram aqueles em que se fazia o percurso inverso, ou seja, o processo de alfabetização se iniciava quando o alfabetizador ou a alfabetizadora mostrava para os aprendizes os sons e as letras, provocando associações e regularizações, para que então os estudantes formassem com elas as sílabas, que, compostas, levavam às palavras e, finalmente, chegavam às frases e aos pequenos textos.

Essa questão dos métodos foi muito bem discutida, por algumas décadas, pela professora brasileira Magda Soares. Em qualquer momento em que o tema é posto em questão, ele é capaz de gerar intensa polêmica. Na década de 1980, podemos dizer que o pensamento sobre alfabetização em nosso país sofreu um grande abalo positivo com o trabalho das professoras hispânicas Emilia Ferreiro e Ana Teberosky, em especial quando elas lançaram um livro chamado *A psicogênese da língua escrita* (originalmente publicado em 1979, mas que chegou ao Brasil em 1989).

Emilia Ferreiro e Ana Teberosky propuseram uma discussão sobre o que se chamou de construtivismo, abordagem que trazia uma perspectiva psicogenética da aquisição da escrita pelas crianças. É importante notar que o construtivismo não foi proposto como um método, mas como uma teoria desenvolvida por essas duas autoras sob a influência dos estudos de Jean Piaget. Um ponto fundamental ali era que se valorizava o papel ativo do sujeito na construção do conhecimento. Assim como Piaget fez com as etapas do desenvolvimento infantil, Ferreiro e Teberosky estudaram e identificaram as etapas da aquisição do sistema de escrita pelas crianças, ou seja, fases pelas quais elas passavam ao aprender a ler e escrever. Tais etapas podem ser resumidas e simplificadas nos seguintes níveis: pré-silábico, silábico, silábico-alfabético e escrita alfabética.

O construtivismo e suas ideias foram amplamente empregados para orientar a prática de alfabetização de muitos professores em inúmeras escolas. Várias novidades chegaram, em especial uma visão de que os alunos têm papel ativo no processo de alfabetização. Outra importante noção revista foi a de erro. O que era considerado e estigmatizado como erro, entendido como um problema, passou a ser encarado como um indício do nível de construção do sistema de escrita que o estudante estava vivenciando. Isso orientava cientificamente o trabalho do professor, a partir de muito conhecimento linguístico e cognitivo.

Um outro elemento de extrema importância difundido por essa abordagem foi a exploração, durante o processo de alfabetização, de materiais e objetos portadores de escrita. Esse procedimento foi responsável por grandes mudanças na forma de alfabetizar, já que podiam e deviam ser usados convites, embalagens de produtos, rótulos, etiquetas, cartazes, capas de revistas, regras de jogos, jornais, livros etc. Esses materiais eram levados para o ambiente das salas de aula, passavam a fazer parte das atividades escolares, para que os alunos construíssem hipóteses sobre a escrita e a leitura. Isso contribuía para que a alfabetização fosse mais significativa para as crianças. Essa visão do processo de alfabetização trazia em seu bojo a noção de letramento, ou seja, da linguagem em uso, não separada das práticas sociais e de textos de circulação real.

Nessa mesma época, começamos a considerar, mais fortemente, a influência importante das práticas sociais na forma como nos apropriamos dos aprendizados sobre leitura e escrita. Difundiu-se, então, a noção de letramento, uma tradução da palavra inglesa *literacy*. No Brasil, pesquisadoras muito engajadas na educação básica foram fundamentais para o debate sobre alfabetizar e letrar ou, melhor dizendo, alfabetizar letrando, *alfaletrar*, como disse a professora Magda Soares, autora de um livro que tem exatamente esse título.

Inspirando-nos em Magda Soares e tentando uma definição simplificada, podemos dizer que alfabetizar seria a aprendizagem do código escrito: das letras, ou seja, o domínio da escrita (no nosso caso, o sistema alfabético); das regras ortográficas; das convenções da escrita (da esquerda para a direita, de cima para baixo, por exemplo); e das habilidades motoras (pegar no lápis, digitar com todos os dedos etc.) e cognitivas (estas para construir sentido para os materiais lidos, assim como para produzir diversos textos).

O letramento, por sua vez, estaria relacionado às capacidades envolvidas no uso pessoal e social da escrita, ou seja, em perceber e manejar bem os usos e funções sociais da escrita, assim como em saber usar adequadamente os recursos linguísticos e textuais para atingir diversos objetivos (informar, divertir, comprar, argumentar, entre inúmeros outros), tanto na compreensão quanto na produção de diversos gêneros textuais, em variadas situações comunicativas.

A ideia de *alfaletrar*, ou seja, de trabalhar tanto a alfabetização quanto o letramento (processos diferentes e que, portanto, demandam processos de ensino-aprendizagem distintos) de forma simultânea e bem articulada, vem do reconhecimento de que o processo de alfabetização, para ser bem-sucedido, precisa incluir os usos sociais da escrita. Como nos ensina Magda

Soares, é preciso aprender o sistema alfabético de escrita, assim como conhecer e aprender seus usos, em diversas situações do cotidiano, para compreender e produzir diferentes gêneros textuais, em muitas circunstâncias e para diferentes propósitos. Em suma, precisamos alfabetizar em contexto de letramento.

A discussão sobre o letramento nunca deixou a cena brasileira da Linguística Aplicada, em especial no que diz respeito ao ensino e à aprendizagem de línguas. No entanto, as questões foram surgindo, sendo revistas e repropostas, inclusive com o surgimento de novos termos, novas definições e novas preocupações. Do letramento, no singular, passou-se a uma reflexão sobre a necessidade de que os letramentos fossem pensados no plural. Essa mudança ia na direção de uma diversificação na abordagem, no respeito a uma diversidade linguística e de apropriações do ler e do escrever que não estavam claras quando a palavra estava no singular. A partir do reconhecimento dos letramentos, também surgiram os letramentos com adjetivos (literário, digital, visual etc.), que buscavam um aspecto mais específico das aprendizagens e das práticas com determinados gêneros ou tecnologias específicas.

Nos dias atuais, pensar em letramentos envolve, inevitavelmente, considerar a comunicação e as interações nos ambientes digitais. De forma notável, as mudanças tecnológicas mudam nossas práticas sociais de leitura e escrita, e isso não pode passar despercebido pelas pessoas que lidam diretamente com ensino de línguas. Considerar que a alfabetização não ocorre isolada, por exemplo, do acesso e das apropriações que as crianças fazem dos textos ou dos materiais que leem é muito importante. Uma abordagem assim altera não apenas nosso modo de trabalhar, como professores e professoras, mas, principalmente, muda nosso olhar sobre o que ocorre durante os processos de aprender a ler e escrever, além de nos permitir intervenções apoiadas em nossos conhecimentos e em uma abordagem mais afim com o que se tem pensado cientificamente.

No Brasil, mesmo antes que a noção de letramento estivesse esgotada, se é que isso é possível, ou ao menos bem digerida e bem disseminada, uma outra nos chegou, também via professores e pesquisadores de língua inglesa: a dos multiletramentos (tradução de *multiliteracies*). Aqui, sim, é possível identificar o momento exato em que essa noção é proposta e por quem: trata-se do autodenominado New London Group (NLG), já mencionado, um coletivo de professores pesquisadores que se encontrou para um evento em 1994, nos Estados Unidos, no qual debateriam questões relacionadas ao ensino e à aprendizagem de línguas, leitura, escrita e à educação formal.

Como resultado das discussões desse grupo, foi elaborado um manifesto chamado de "Uma pedagogia dos multiletramentos", que recebeu influências inclusive do pensador brasileiro Paulo Freire, como já apontamos. O documento tornou-se tão relevante para os estudos de Linguística Aplicada no Brasil que inspirou vários elementos que estão expressos em nossa Base Nacional Comum Curricular (BNCC), documento em vigor do qual trataremos mais adiante.

O manifesto do NLG foi construído sobre alguns eixos, sendo um deles a diversidade cultural cada vez mais presente nas salas de aula. Era fundamental que as diferenças culturais, linguísticas e outras não consistissem em barreiras para a educação e, por isso, foi proposta a valorização dessa multiplicidade, incluindo diferentes linguagens e mídias, sobretudo as digitais, que já apareciam, em meados dos anos 1990, como vetores de mudanças importantes na paisagem comunicacional.

Nesse documento, os dez autores buscavam ampliar – ou suplementar, como eles dizem – o sentido do letramento e do seu ensino. Eles consideravam que isso era necessário para contemplar a diversidade cultural de nossas sociedades modernas e globalizadas, e que, portanto, apresentam também grande diversidade linguística. Além disso, embora em meados de 1990 ainda fosse difícil prever exatamente como as tecnologias digitais impactariam nossas sociedades e a educação, esse grupo defendeu que se pensasse em uma pedagogia que desse conta da diversidade de mídias, canais de comunicação e de formas textuais que seriam usados e que se tornariam, certamente, parte relevante das nossas práticas de leitura e escrita.

Um dos elementos que aparecem com força no manifesto da pedagogia dos multiletramentos é a abordagem multimodal dos textos. Ela já existia nos estudos da Semiótica Social e tornou-se um ponto importante da proposta de redesenho do ensino via multiletramentos. Uma noção de *design* foi ressignificada e proposta pelos signatários do manifesto, em etapas que buscavam incorporar a diversidade cultural, linguística e textual ao contexto pedagógico. *Design* é um termo de difícil tradução para o português, pois encontra aqui várias acepções que não se relacionam diretamente à questão dos multiletramentos. É importante, por isso, compreender *design* como um construto desses autores como parte da metalinguagem que eles propõem. A própria palavra *literacy*, em inglês, é desafiadora quando se pensa em sua tradução ao português. Ela acabou traduzida e admitida como *letramento*, uma vez que no contexto brasileiro era importante distinguir essa noção da de alfabetização. Em inglês, a mesma palavra serve para ambas as noções: alfabetização e letramento. Há ainda certa disputa entre as traduções e noções no Brasil e em Portugal, país que optou por empregar a palavra *literacia*. Há muito debate a esse respeito e não vamos nos deter nele aqui, mas hoje é importante saber que isso se tornou mais do que uma mera questão tradutória e terminou por ganhar nuances políticas relevantes, em especial no Brasil recente.

Embora a discussão sobre ensinar a ler e a escrever necessariamente passe pela técnica, por modos possíveis de alfabetizar e letrar, por ferramentas, materiais, abordagens e estratégias de ensino etc., no manifesto dos multiletramentos, a relação com as "novas mídias" foi explicitada, isto é, aqueles dez autores, todos professores pesquisadores, haviam percebido que a chegada das mídias eletrônicas e digitais em nossa sociedade provocava alterações importantes nos textos, mas, principalmente, nos modos de ler, de produzir e de fazer circular os textos. Isso lhes parecia, sim, assunto para a educação e a escola, em todos os níveis de ensino. A mudança comunicacional era importante, relevante e suficientemente abrangente para que se propusesse algo no sentido de que os professores de línguas estivessem atentos, mas, mais que isso, assumissem essa preocupação e planejassem novas formas de pensar e ensinar sobre a linguagem, diante de um cenário tão novo e cambiante.

Incorporar os novos letramentos e os multiletramentos na educação implicaria mostrar a relevância da multimodalidade, ou seja, de formas, linguagens e formatos dos textos, para ajudar que os alunos desenvolvessem capacidades tanto de perceber e compreender os usos desses recursos quanto de se apropriar deles em suas produções, como forma de entender, intervir e modificar a realidade em que vivem. Nesse documento, a noção de *design* é amplificada, referindo-se à produção de sentidos, mas também à criatividade para repensar as práticas educativas, e por consequência influenciando positivamente o planejamento de novos futuros sociais. O *design* estaria relacionado às atividades e ao trabalho semióticos, uma vez que envolve o uso de várias linguagens na criação e na compreensão de textos.

As produções textuais contemporâneas se utilizam de recursos e são guiadas por convenções dos diversos *designs* disponíveis, que, combinados ou orquestrados, buscam estabelecer interações com determinado propósito, em dada situação ou contexto.

Percebemos também no manifesto dos multiletramentos a ideia de *design* como organização do espaço escolar, do planejamento das atividades de ensino e aprendizagem, do currículo e do projeto pedagógico da escola. A visão de *design* como plano social envolve uma visão crítica em relação os valores da nossa sociedade e a busca por uma cidadania plural e inclusiva. Todo esse debate, é claro, chegou ao Brasil e entrou fortemente para nossas discussões acadêmicas em Linguística Aplicada. A noção de multiletramentos foi amplamente difundida a partir do início dos anos 2000 e é uma grande influenciadora de nossas políticas públicas, em especial na área de linguagens e suas tecnologias, como explicitado na BNCC, por exemplo. Vejamos nossas questões atuais e locais.

BNCC E TECNOLOGIAS

As tecnologias digitais da informação e da comunicação já tiveram várias siglas: TIC, NTIC, TDIC. Esta última parece ter sido assumida, de alguns anos para cá, como a mais interessante, já que integra a palavra *digital* como especificidade dessas tecnologias das quais queremos tratar. O N, de *novas*, tem sido abandonado porque, justamente, essas tecnologias já deixaram de ser novas, e a sigla TIC especifica muito pouco o que são as tecnologias da informação e da comunicação, que podem, por exemplo, incluir a televisão e o rádio, segundo argumentam alguns pesquisadores. O fato é que, na maior parte do tempo, depois que essas tecnologias se integraram às nossas práticas sociais de leitura e produção de textos, uma parte dos pesquisadores se voltou para elas, focalizando exatamente esses recursos de natureza digital. A solução então foi admitir TDIC como uma sigla mais adequada ao objeto que queremos apontar, estudar e compreender, em suas relações com a sociedade e a educação.

O fato é que as *tecnologias digitais da informação e da comunicação* (TDIC) são um conjunto de recursos aberto e sempre em movimento. O rol de equipamentos, aplicativos, ambientes digitais etc. que conhecemos está sempre aumentando, se desenvolvendo, com itens sendo substituídos, extintos ou inventados. O que era *novo* há algumas décadas já deixou de ser, mas não perdeu seu interesse como fator de mudança, inclusive porque a história dessas tecnologias nos ajuda a investigar pontos de inflexão em nossas práticas e em nossos comportamentos. Fiquemos então com a sigla TDIC, que nos leva diretamente a tudo o que é digital, tecnologia nascida, como sabemos, nos esforços da Segunda Grande Guerra e que se popularizou com as conexões cada vez maiores entre os computadores em rede, com a criação da internet, assim como com a chegada dos computadores pessoais e dos aparelhos celulares e dos *smartphones.*

Entre as TDIC, temos um mundo de possibilidades. São recursos, equipamentos, hardware e software, aplicativos, templates para tudo, algoritmos, modos de ser, estar, fazer, pensar, se mover, jogar, ler e escrever. Essas tecnologias mudaram nossas formas de conversar, de comprar e vender, de trabalhar, de aprender, de nos divertir, de ter acesso à informação, de nos comunicar etc. Uma mudança tão grande terminou por chegar às políticas públicas da área da Educação, demandando uma revisão dos documentos oficiais direcionados às escolas, consideradas a principal agência de certo tipo de letramento prestigioso em nossa sociedade, e bibliotecas.

No Brasil, a BNCC menciona as TDIC várias vezes (com o D mesmo). E essas tecnologias são ali consideradas relevantes e necessárias para a formação cidadã. De acordo com esse documento de caráter normativo, é desejável que os estudantes sejam bons usuários das tecnologias digitais, o que envolve desde celulares a computadores conectados à internet. Para isso, esses jovens precisam ser bons navegadores, bons leitores e bons produtores de textos, também de natureza digital.

Espera-se que, ao longo da educação básica, isto é, da educação infantil até o final do ensino médio, as crianças e os jovens sejam capazes de "buscar, tratar, analisar e usar informações", como está no texto, à página 74, ou seja, que sejam capazes de navegar bem pelo ambiente tecnológico. Essa busca por informações envolve, por exemplo: saber acessar a internet por meio de um *browser* ou navegador, acessar páginas de busca e pesquisa, checar as fontes de informação e sua confiabilidade, contrastar e comparar informações encontradas em diferentes sítios e selecionar as que melhor se aplicam ao objetivo da leitura.

Os ambientes digitais e seus hipertextos ativos estimulam e possibilitam a busca por informações em diversas fontes, sejam elas diferentes gêneros textuais e recursos (suportes, ferramentas), sejam textos de diferentes autores, lugares, datas, propósitos, perspectivas e pontos de vista. Saber lidar com a leitura em múltiplas fontes é fundamental no nosso tempo. O que se sabe hoje, em especial num contexto de complexidade tecnológica e discursiva como agora, é que as pessoas precisam estar aptas a receber informações e textos de múltiplas fontes, que variam de muitas maneiras, e lê-los, isto é, identificar diferentes pontos de vista, abordagens, concordâncias e divergências, ponderações possíveis etc. Analisar se os textos têm credibilidade, se são confiáveis e quais propósitos têm é fundamental, assim como identificar sua autoria, sua veracidade, sua atualidade, sua pertinência etc. Não é simples, mas isso pode e deve ser aprendido, inclusive e principalmente por meio da educação formal. Ser bom leitor, então, significa, entre outras coisas, saber buscar informações em diversas fontes, compreender com profundidade os materiais encontrados e lidar criticamente com eles.

Segundo a BNCC, ao longo da educação básica devemos nos tornar bons navegadores, ou seja, devemos saber buscar e selecionar informação. O termo usado na Base é *buscar*: "Buscar, selecionar, tratar, analisar e usar informações, tendo em vista diferentes objetivos" (Base Nacional Comum Curricular, Brasil, 2018: 74). Há, nesse documento, uma preocupação com a seleção de informações que sejam confiáveis, e isso está explicitado no descritor EF05LP16, de acordo com o qual os estudantes precisam saber "comparar informações sobre um mesmo fato veiculadas em diferentes mídias e concluir sobre qual é mais confiável e por quê". Essa preocupação tão explícita certamente se relaciona ao nosso contexto de disseminação de falsidades e mentiras por meio de notícias, propagandas e outras peças que nos chegam com facilidade e podem nos influenciar fortemente. Os textos deixam de ser meros parágrafos ingênuos e travessos para se tornar armas que têm consequência política e até na situação de saúde de uma população. Um exemplo poderoso disso são as notícias falsas (ou *fake news*) sobre vacinas, que chegam a uma população de fácil convencimento e levam à redução drástica da cobertura vacinal, até mesmo reativando doenças que já se encontravam controladas.

A BNCC contempla a compreensão de textos de vários domínios (por exemplo, o literário, o jornalístico, o científico) e gêneros textuais (como poemas, notícias, contos, receitas, memes), além de incentivar os vários ambientes tecnológicos (a exemplo de sites, blogs, redes sociais, videocasts, podcasts etc.). Em várias de suas páginas, a menção a textos que circulam em meios impressos ou digitais, assim como a diferentes mídias, revela a plena incorporação do digital às práticas de leitura e produção de textos que compõem as práticas de letramentos e, principalmente, as dos multiletramentos, perspectiva que esse documento abraça.

RETOMANDO UMA HISTÓRIA E ATUALIZANDO CONFIGURAÇÕES

Consideramos oportuno reiterar a noção de que a escrita tem história, e é possível verificar, ao longo dela, várias tecnologias que foram se modificando com o passar do tempo. Em muitos casos, em algumas culturas, escrever é um processo de registrar a fala, os sons; em outros tantos casos, é um processo parecido com desenhar ideias, sem que isso passe pela oralidade. São lógicas diferentes, que resultam em escritas diversas e que convivem em nosso planeta.

Para que esse registro escrito fosse possível, por exemplo, no caso do alfabeto (que também tem uma longa história), foram criadas diferentes formas de escrever e mesmo ferramentas e suportes. Vejamos: podemos pensar nessas tecnologias desde a escrita com cunhas, em argila, até chegar ao lápis e às canetas que registram textos em folhas de papel; essas páginas que podem estar reunidas em cadernos pautados e encadernados com costura, cola, espiral etc. Hoje, temos equipamentos e sistemas computacionais que nos permitem escrever sem papel, sem tinta, mas com o uso de teclados, virtuais ou físicos. Cada uma dessas tecnologias demanda diferentes gestos, habilidades, e transforma nossos processos cognitivos, sociais, históricos, culturais e comunicativos.

Assim como as tecnologias de registro da escrita mudaram e se diversificaram, a escrita em si também passou por mudanças. Para chegar à escrita alfabética, como a que temos hoje, foram necessários cerca de 6 mil anos. Códigos e regras de registro e uso foram criados e aperfeiçoados ao longo do tempo, em especial com os movimentos das nossas práticas sociais. A escrita, no decurso do tempo, passou cada vez mais a fazer parte das atividades cotidianas de um número cada vez maior de pessoas, nas mais variadas situações e das mais diversas formas. Esses usos geraram mudanças na escrita, que passou a ser cada vez mais regulada e condicionada, de acordo com objetivos e contextos de uso. Ainda hoje, há modificações acontecendo, embora nem sempre tenhamos consciência disso. Podemos citar, para um exemplo mais institucional, a reforma mais recente conhecida como Acordo Ortográfico de 1990, que entrou em vigor no Brasil apenas em 2009. Ele modificou algumas regras da grafia das palavras, em função de um acordo feito entre integrantes da Comunidade dos Países de Língua Portuguesa (CPLP), que pretendia padronizar grafias em vários países falantes do português. No entanto, não é apenas assim que a escrita muda. Um exemplo menos formal é o que acontece com as regras e convenções, muitas vezes tácitas e sem documentos assinados, que vamos construindo em conversas em mensagens eletrônicas: o uso de abreviaturas ("blz", "vlw", entre outras), de emoticons e emojis (:), ☺), a pontuação expressiva (!!!!, ???? !?!?!?!) ou o não uso de sinais de pontuação, tema que gerou e gera muitos debates – acalorados! – sobre a língua e seus usos criativos. Algumas pessoas temem a ruína da língua em razão dessas mudanças; outras pessoas entendem que esses sejam fenômenos esperados e não ameaçadores. Cabe aos pesquisadores da Linguística Aplicada investigar, reunir e organizar dados, inquirir as causas, refletir sobre consequências, compreender as influências, modular explicações científicas etc. O debate desinformado teoricamente fica para outros contextos.

Bem, estamos afirmando então que a língua muda em todas as suas modalidades. Tanto a fala quanto a escrita estão em movimento, e a observação disso é parte do trabalho dos linguistas. Essas "regras" ou tentativas de padronização da própria língua pela modalidade escrita fazem parte das políticas e das disputas, também de poder, relacionadas às línguas. Estão em interação tanto os acordos institucionalizados, de academias e agremiações, como o conhecido Acordo Ortográfico ou os livros de referência sobre vocabulário, pontuação e outros elementos, quanto as formas populares de escrever, sobre as quais é difícil ter qualquer controle. De todo modo, essa é uma matéria fascinante para os linguistas aplicados.

Os textos também estão em movimento nesse cenário. Como já mencionamos brevemente, novos gêneros emergem de novas situações de comunicação ou são derivados de outros mais antigos, para atender a situações comunicativas emergentes, geralmente ligadas a tecnologias. Alguns estudiosos apontam que as cartas geraram os e-mails, por exemplo. De fato, aquele gênero antigo, cuja composição e mesmo os modos de escrita e enviam tão conhecidos, está quase abandonado hoje em favor da correspondência intermediada por computadores conectados. Muitos e-mails se parecem com cartas, mas muitos não. Daí a importância de colocarmos esses fenômenos sob nossa mira de estudiosas da linguagem, da língua, dos textos e da comunicação. Outro gênero que podemos mencionar são os diários. Geralmente escritos em cadernos, tinham caráter privado, íntimo, embora alguns deles tenham se tornado públicos e famosos (que o diga Anne Frank, por exemplo). Em época mais recente, alguns estudiosos afirmam que outro gênero semelhante ganhou a preferência de muitas pessoas: o blog. Inventados como páginas pessoais para a escrita diária, os blogs servem como diários, embora raramente tenham caráter privado. Ou seja, é difícil afirmar que uns gêneros derivem completamente de outros, sem qualquer controvérsia trazida pelas condições dadas pelo próprio ambiente de publicação ou pela ferramenta de produção. Há pesquisadores que criticam essa ideia de que blogs tenham origem em diários, e isso se dá em razão de critérios como, por exemplo, essa questão do público/privado, entre outros. O que sabemos é que o leque de gêneros textuais existente vai ficando maior e mais complexo, cheio de nuances e sofisticações.

Vejamos mais um exemplo de gênero que tem se popularizado de vários anos para cá: o meme. Há quem afirme, com base em pesquisas e estudos, que ele ganhou esse nome por inspiração de estudos da área de Biologia, ou seja, a palavra *meme* funciona como uma espécie de analogia, já que esses textos se replicam e se repetem por aí. Nos memes, textos podem servir de base para novas peças, por meio de remixagens e fusões, replicando-se na internet em abundância. Há linguistas que dizem que eles são necessariamente engraçados; outros dizem que nem sempre. Alguns estudos apontam uma espécie de forma básica para que algo possa ser chamado de meme; outros dizem que há grande variação de forma e composição entre textos que são reconhecidos como memes. O interessante mesmo é que as pessoas que enviam e recebem memes, quase diariamente, facilmente qualificam esses textos como memes. Enquanto isso, nós, linguistas aplicadas, seguimos tentando sistematizar os conhecimentos sobre esse gênero que tem jeito de novidade, embora possa ser produzido em cima de pinturas antiquíssimas, fotos impressas e outros materiais que já circulavam há mais tempo.

Anteriormente, chegamos a mencionar os jornais e as notícias como formas que mudaram muito nas últimas décadas, inclusive integrando canais como o impresso, o site, o Twitter, o Facebook e outros ambientes por meio dos quais um mesmo veículo pode se ramificar, empregando textos e peças diferentes. Há alguns anos, o jornal só circulava impresso, e mesmo com essa relativa estabilidade material teve seu layout modificado diversas vezes, e mais intensamente nas últimas décadas. Há reformas gráficas famosas nos anos 1960 e em décadas seguintes, em especial quando mudanças nas condições tecnológicas de produção dos noticiários impressos favoreciam ou mesmo empurravam na direção de mudanças de aparência. Por exemplo, a chegada de máquinas que permitiam imprimir o texto e a imagem juntos causou uma revolução gráfica para os leitores. Da mesma forma, a chegada dos computadores e da web trouxe alterações que são pensadas para públicos que também vão mudando seus hábitos de consumo e leitura. Há alguns anos, os jornais impressos ficaram mais raros; os que existem, em muitos casos, ficaram menos volumosos. Muita gente prefere ler notícias por outros canais, inclusive gratuitamente. A imagem ocupa mais espaço nas páginas impressas, de maneira geral, do que a massa textual; em lugar de blocos longos e compactos de texto, nós lemos em colunas arejadas, com intertítulos grandes e com uma hierarquização sugerida por tamanhos de letras e outros elementos. As cores chegaram ao noticiário impresso há várias décadas e hoje são usadas para separar seções, destacar elementos etc. Atualmente, temos jornais totalmente digitais, inclusive sem versão impressa, que pouco se assemelham aos de papel, tanto no que diz respeito à aparência quanto às suas formas de circulação e leitura. Tais jornais exploram recursos que não eram possíveis no impresso, como os hiperlinks, que levam a vídeos e áudios, por exemplo, o que não quer dizer que os impressos não tivessem também seus recursos próprios e importantes.

Bem, não podemos dizer que as coisas aconteçam por acaso, em especial quando nos ocupamos de questões que mesclam as tecnologias, a língua, a linguagem e uma área do conhecimento como a nossa. A influência das tecnologias digitais se fez sentir fortemente nos estudos de Linguística Aplicada, e isso tem profundas relações com as questões sociais, e nosso olhar sempre voltado às práticas sociais de ler e escrever, na escola e fora dela.

HIPERTEXTOS

Abordaremos agora uma questão específica ligada à composição de textos em ambiente digital. O professor Luiz Antônio Marcuschi, linguista já citado nesta obra, foi um grande estudioso dos hipertextos, com alguns artigos muito conhecidos sobre o tema. Seus achados, sempre fartos em exemplos, nos ajudavam, e ajudam até hoje, a pensar sobre como os textos em ambiente digital podem ser planejados e escritos e, de outro lado, como lemos esses materiais, algo que parecia bastante novo na virada da década de 1990 para os anos 2000.

Podemos partir de uma consideração: a de que, nos ambientes digitais, os textos passaram a ter links clicáveis, isto é, há a possibilidade tecnológica de que um nó hipertextual (que pode estar marcado em uma frase, uma palavra, uma imagem etc.), ao ser acionado, leve a outra página, outro texto, outros nós. Esse recurso de leitura e navegação web foi chamado de hipertexto, ou melhor, os textos arquitetados dessa maneira foram chamados assim. Isso pode também ser visto como uma agregação de maior plasticidade nos textos e na exploração de recursos, e o resultado pode ser a composição de textos de alta multimodalidade. Trataremos disso mais adiante. O que queremos dizer agora é que o hipertexto é um exemplo de assunto que ocupou e ocupa muitos linguistas aplicados, no mundo inteiro, já desde a segunda metade do século XX, mas principalmente nos anos 1990-2000, depois que o computador ligado à internet popularizou textos e hipertextos.

Para parte dos linguistas e especialistas nesse assunto no Brasil, inclusive nós, a hipertextualidade é uma característica de todos os textos ou, melhor dizendo, uma característica nossa ao ler. Isso nem sempre é fácil de explicar, mas o fato é que a hipertextualidade se dá, antes, em nossas mentes, mesmo que o objeto que lemos não se materialize como hipertexto (com links clicáveis). Não fosse isso e nem leríamos! Em alguns trabalhos anteriores, por exemplo, defendemos que todo texto seja um hipertexto e que toda leitura seja um processo hipertextual. Para isso, argumentamos que nenhum texto é linear, ou seja, todo texto apresenta hierarquias em sua composição, sejam elas morfológicas, sintáticas, textuais ou discursivas.

Podemos dar exemplos mais concretos, inspirando-nos em outros autores que também debateram as mesmas questões. Um desses exemplos, bastante comentado há algumas décadas, é a existência de títulos, subtítulos e rodapés que nos tiram de um espaço de leitura e nos levam a outro, numa mesma página impressa ou num conjunto de materiais impressos. Já negritos, parênteses, topicalizações e outros recursos marcam uma organização não linear do texto, o que altera nossas navegações e estratégias de leitura. Além disso, em estudos anteriores, demonstramos, com base em outros linguistas, que todo texto traz elementos que estabelecem uma ligação com outros textos e com outras partes dele mesmo. Elementos coesivos, como os anafóricos e os dêiticos, por exemplo, estabelecem ligações entre partes do texto, ao passo que a intertextualidade, ou seja, a menção, explícita ou não, a outros textos também estabelece ligações entre textos. Um exemplo disso são as citações, isto é, os trechos transcritos de outros textos que usamos em nosso trabalho. O recurso é muito comum nos textos acadêmicos, ou mesmo é uma exigência. Mas há formas de intertextualidade muito mais sutis, que não explicitam fontes e tornam a vida do leitor mais desafiadora. É possível mencionar um trecho de poema, fazer uma ironia, usar uma frase de letra de música em um texto, e isso deve ser reconhecido (linkado, digamos) pelo leitor atento.

Nos textos produzidos e publicados em ambientes digitais, a hipertextualidade pode se manifestar por meio dos hiperlinks, também conhecidos como links, que, como já dito, conectam textos. Nem todo texto da web tem links ou precisa ter, mas enorme parte deles apresenta esses laços que podemos clicar a fim de chegar a outros textos, imagens, informações. No conjunto, os links ajudam a compor os diversos sites, portais, canais de vídeo, redes sociais, entre outros espaços, possibilitando que os leitores e as leitoras saltem de um para outro, por meio de cliques executáveis de várias formas: por meio de equipamentos periféricos como mouses e *touchpads*, com toques na própria tela etc. Tudo isso são camadas de tecnologias que dizem respeito aos nossos modos de ler, mas também aos modos de planejar a escrita de um texto que será postado em um blog, no *feed* de uma rede social ou onde quer que seja. É claro que tudo depende do objetivo de quem escreve e da função que os links terão: levarão a um formulário de inscrições? Conduzirão o leitor a informações mais detalhadas sobre algo? Levarão a um site para compras? Podem levar a outros textos do mesmo autor? Ajudarão a ampliar as referências de quem lê? Esse recurso muda nossas práticas de escrita e de leitura, ampliando nosso repertório de possibilidades, a depender do ambiente de escrita e publicação. A Linguística

Aplicada se ocupa de questões como essa que, é preciso dizer, fazem parte das questões que devem ser enfrentadas nas aulas de leitura e produção de textos em língua materna.

MULTIMODALIDADE

A palavra *multimodalidade* apareceu algumas vezes neste livro. É importante lembrar que ela aparece tanto em obras teóricas de décadas atrás quanto em nossos documentos oficiais que funcionam como diretrizes para a educação escolar. É, portanto, incontornável tratar dos textos multimodais e do que eles significam em nossas práticas como pessoas que leem, escrevem, ensinam e aprendem.

Como já vimos, falar em tecnologias digitais quer dizer um universo imenso de possibilidades, equipamentos, recursos etc. Nós, as pessoas que lidamos com dispositivos para ler e escrever, vemos apenas uma parte do que pode ser feito e oferecido com essas tecnologias. No caso dos textos, da leitura e da escrita, é possível explorar ou propiciar, de maneira mais intensa e complexa, a multimodalidade, ou seja, articular diversas linguagens na composição dos textos, e aí teremos de ampliar nossa concepção do que seja um *texto*. Nisso, voltaremos a uma das questões mais caras aos estudos linguísticos: o que é um texto, como ele se compõe, o que o define, como aprendemos a escrever etc.

O professor e pesquisador Gunther Kress, precocemente falecido em 2019, foi um dos mais importantes estudiosos da multimodalidade, conhecido mundialmente pela comunidade estudiosa desse tema. Ele fez muitas propostas para definir, por exemplo, modo e recurso semióticos, além de trabalhar em uma concepção de multimodalidade que gera muito debate e que se tornou muito produtiva na área de Linguística Aplicada. É importante lembrar que Kress já era um grande semioticista social quando se uniu a outros nove colegas e ajudou a escrever o manifesto da pedagogia dos multiletramentos em 1994-96. Certamente, a voz dele pode ser ouvida no texto, em especial nas questões que tocam a multimodalidade como algo a ser urgentemente tratado na educação para o século XXI.

Segundo os trabalhos de Kress, e dele com seus parceiros, a multimodalidade é uma característica de todos os textos. Esse é um aspecto definidor que nem sempre é bem compreendido no trabalho de ensino e pesquisa sobre leitura e escrita. A multimodalidade se configura e se expressa nos textos de maneiras diferentes e diversas, e isso tem a ver também com tecnologias disponíveis.

Vejamos alguns elementos que ajudam a compor a característica multimodal de um texto, considerando que ele pode estar impresso ou em ambiente digital: vários elementos podem fazer parte de seu layout, como cores, fontes, animação, áudios, vídeos, entre outros, e isso de um jeito bem fácil de produzir. Esses elementos, hoje, podem compor os textos e devem ser processados pelos leitores como parte importante da produção de sentidos. Além disso, esses textos intensamente multimodais costumam apresentar elementos que demandam ações dos leitores, como reações, respostas, movimento para continuar explorando aquele espaço digital ou para mudar para outro etc. Esse pode ser um estímulo à produção de conteúdo para ambientes digitais.

Não queremos deixar aqui a falsa ideia de que os textos multimodais surgiram recentemente ou que necessariamente estejam relacionados às tecnologias digitais. Em vários trabalhos, Kress afirma que a multimodalidade sempre existiu, embora o interesse por ela, este sim, tenha sido despertado com mais intensidade recentemente. Inclusive, em alguns livros ele se pergunta o porquê disso. A suspeita é de que as fortes mudanças provocadas por ambientes digitais de escrita e publicação tenham levado a uma nova reflexão sobre as imagens, as composições multissemióticas e outros elementos que hoje parecem mais próximos de nós. Os processos de edição dos textos estão muito mais acessíveis e facilitados, o que nos leva a ganhar experiências de leitura e produção textual que não tínhamos antes. A multimodalidade, portanto, sempre esteve presente, mesmo nos textos mais tradicionais, em páginas de papel e mesmo nas escritas à mão. A questão é que a expressão dessa multimodalidade se dá de maneiras diferentes, e é isso que queremos entender, investigar e, por que não, aprender a operar.

É bom ter em mente que, além do acesso aos equipamentos e recursos necessários a uma escrita mais intensamente multimodal, a produção desses textos demanda familiaridade com o uso de teclados, câmeras, gravadores e editores de textos, de áudio, de imagens, de vídeos, que vão permitir ao leitor construir e editar textos para melhor alcançar suas metas comunicativas. Feitos os textos, eles poderão ser compartilhados e divulgados, estimulando respostas de outras pessoas, gerando um ciclo de produção e recepção de gêneros que circulam no ambiente digital. É claro que a produção de textos que circulariam de modo analógico também exigia certas tecnologias e demandava conhecimentos específicos. Por exemplo, para produzir um jornal na escola, o processo de aprendizagem de muitos elementos costumava ser longo. Além da preocupação com os recursos tecnológicos e materiais, como papéis e formatos, era fundamental saber quais gêneros textuais poderiam compor esse jornal (notícia, tirinha, entrevista, resenha, editorial, horóscopo, classificados, anúncios, crônica etc.), assim como pensar fotografias, ilustrações, hierarquização, manchete, diagramação etc. Alguns jornais eram impressos como xerox, em papel A4 mesmo; outros, mais sofisticados, podiam existir em papel específico para jornal, em formatos maiores e dobrados. Tudo isso dependia exatamente dos recursos que a escola tinha à disposição. Queremos lembrar de tudo isso para dizer que, nesse sentido, não é muito diferente planejar um texto que será produzido para algum ambiente digital. É claro que há outros aspectos a pensar, outros recursos e custos em jogo, mas as questões que se colocam nesse planejamento ainda estão lá. Não se pode esquecer que a multimodalidade sempre esteve presente nos textos impressos e em suas formas; e está presente, de outro modo, com outras características, nos projetos que executamos em ambientes digitais. Investigar isso é de interesse de linguistas aplicados, em especial os que se sentem desafiados pela produção de sentidos em todos os modos semióticos, e não apenas no modo verbal.

Bem, essa é uma questão importante para a LA e para a Linguística de maneira geral. Até onde podemos ir com nossos interesses? Que objetos estão sob o escopo de nossa área? Vários semioticistas gostam de nos alertar sobre uma questão bastante interessante: nenhum texto existe abstraído de seu modo de apresentação, de sua aparência, de sua expressão. Os elementos que dão forma e concretude a um texto também concorrem para que ele faça sentido. Por que os linguistas deveriam, então, abstrair esses elementos e tratar dos textos de maneira tão parcial? É importante que os textos sejam entendidos em sua complexidade e configuração multicamadas, e isso é também uma tarefa possível para a LA.

De todo modo, lembremos que a leitura e a compreensão dos textos precisam ser críticas, em qualquer tecnologia ou composição semiótica. No âmbito da cultura impressa, era comum pensarmos que os textos normalmente passavam por um crivo editorial, que havia ali um editor ou um bibliotecário, um mediador que selecionava e fazia curadorias por nós, e que podíamos confiar nesse filtro. É claro que isso também pode acontecer com textos que estão na internet. Grande parte deles está a cargo de profissionais da informação, de editoras, jornais e outras instituições, embora, certamente, também possamos dizer que, nesse ambiente, a facilidade de publicar textos sem qualquer crivo é maior. Sabemos que qualquer pessoa pode escrever e postar em sites próprios, blogs, nas redes sociais etc. Isso nos sugere que a exigência sobre o leitor aumentou. Cabe a ele estar muito atento aos textos que recebe ou encontra, procurando saber quem produziu o material, se a fonte tem conhecimento ou expertise naquela área, se tem a chancela de alguma instituição confiável, se há interesses comerciais (patrocinadores) naquela postagem, qual é o viés ideológico que ali se disfarça (ou explicita), se as informações foram apuradas, se são verdadeiras e confiáveis etc.

Mencionamos a cultura impressa logo antes e podemos aproveitar a oportunidade para propor mais uma reflexão importante nos dias de hoje. Será que a cultura impressa está ameaçada, quase extinta? De alguns anos para cá, muitos pesquisadores falaram na cultura digital ou na cibercultura como um novo ambiente. Muitos livros e artigos tentaram definir essa cultura eminentemente nova, mas ainda desconhecida. Em muitos casos, havia um encantamento pelas possibilidades do digital que acabavam por turvar a visão dos próprios estudiosos. Em muitas definições, dava-se a entender que a cultura digital seria muito positiva, e emergia daí uma espécie de comparação e contraposição entre o que seriam duas culturas praticamente opostas. Hoje, podemos considerar que foi um exagero. A cultura impressa segue seu caminho em interação com a cultura digital, cada uma com suas características e possibilidades, mas não de costas uma para a outra, nem necessariamente em disputa o tempo todo. Muito do digital vem sendo aprendido pelo impresso; e vice-versa.

IMPRESSO E DIGITAL

Já que abordamos essa questão da cultura impressa e da cultura digital, podemos adentrar também uma espécie de subtema: a leitura de textos impressos e digitais como objeto de nossos interesses de pesquisa e de ensino e aprendizagem. Em trabalhos anteriores, chegamos a tratar da cultura escrita como uma espécie de guarda-chuva que abriga tudo o que acontece à leitura e à escrita em qualquer tecnologia que seja. Melhor explicando: podemos pensar nas culturas impressa e digital não como antagonistas ou como espaços que não coincidem, mas como universos que se tocam e que fazem parte de uma mesma cultura mais ampla, a da escrita, com suas possibilidades e tecnologias sempre em evolução.

Podemos começar afirmando que ler textos em ambientes digitais e ler textos impressos não são atividades antagônicas ou concorrentes, e o que temos aí não é uma questão de uma *ou* outra, mas uma em interação com a outra, possibilidades que compõem um leque de itens que devemos aprender, que devemos experimentar e mesmo dominar. Nos dias de hoje, as pessoas escolhem seus modos de leitura de acordo com seus objetivos ou até conforme o acesso que têm a certas tecnologias. Não é verdade que as tecnologias sejam excludentes entre si, que exijam usos exclusivos e que se isolem. As práticas sociais apontam mais para um repertório cada vez mais diverso e mais à disposição.

Focalizaremos, agora especificamente, a leitura em ambiente digital. Podemos dizer que ela tem suas particularidades, por exemplo, a demanda para que o leitor lide com a hipertextualidade de uma maneira mais intensa e concreta, clicando, selecionando aonde ir, monitorando os percursos feitos e a fazer, lidando com menus e outras sinalizações de caminhos possíveis. Quanto à multimodalidade, também é possível dizer que ela se manifesta de maneira específica nas telas, se expressando com recursos típicos do digital (e há outros típicos de outros ambientes), com camadas de recursos que apenas esta tecnologia, desta natureza, pode propiciar. Ali, certos formatos são mais regulares, assim como os layouts se constroem sob certas restrições ou determinados parâmetros relativos ao meio, cores, brilhos, saturações... tudo muito específico de ambientes digitais que serão projetados por telas (estas também diversas). Ler na web implica também, como já sabemos, navegar por múltiplas fontes de informação.

Um autor chamado Henry Jenkins, muito conhecido no Brasil, disse que há um letramento para novas mídias e que isso *inclui* o letramento tradicional, isto é, aquele que se desenvolveu na cultura impressa. As mídias de massa, que conhecemos há tempos, e as novas estão em diálogo, e nós precisamos aprender a lidar com isso. Ele também afirmou, no mesmo sentido, que os estudantes precisam ser capazes de ler e escrever bem para que sejam capazes de se engajar em uma cultura mais participativa. Isso significa que a leitura em ambientes digitais demanda muitas habilidades em comum com a leitura do impresso, tais como decodificar e decifrar os textos, compreender diferentes gêneros textuais, em seus formatos e funções, reconstruir as cadeias referenciais etc. Como defendem outros autores, não podemos nos esquecer da base linguística dos letramentos quando pensamos no conceito de leitura na era digital.

Sabemos que a leitura, seja no impresso, seja no digital, propõe muitos desafios aos leitores, o que diversas avaliações de larga escala têm mostrado, ao longo dos anos, especificamente quanto aos jovens. Um dos casos de avaliação massiva é o do Sistema de Avaliação da Educação Básica (Saeb), mas há outros, como o do muito conhecido Exame Nacional do Ensino Médio (Enem) e mesmo o Program for International Student Assessment (Pisa), uma avaliação internacional que compara estudantes de 15 anos em vários países, incluindo o Brasil. Por ora, nosso país tem estado sempre em posição desfavorável nesse *ranking*, o que significa que temos muita pesquisa e muito trabalho pela frente, em especial na Linguística Aplicada.

Em leitura, essas avaliações têm como objetivo medir/avaliar a capacidade dos estudantes de lidarem com diversos textos. Elas mostram, há algumas décadas, que nossos estudantes no Brasil têm muitas deficiências em relação à compreensão e à produção textual. Diante disso, é importante pensar que devemos garantir uma alfabetização robusta para nossos jovens, especialmente na escola, para que eles sejam capazes de lidar com os mais diversos textos, para diferentes propósitos, independentemente de a leitura acontecer em ambientes digitais ou impressos. O mesmo podemos dizer sobre a escrita.

Julie Coiro e Elizabeth Dobler são duas autoras estrangeiras conhecidas na nossa área que, por meio de suas pesquisas, mostram que a leitura na internet tem suas particularidades. Uma delas nós já mencionamos: a nova dimensão do ato de ler provocada pela hipertextualidade, o que inclui a percepção dos espaços de escrita, a conexão com outros textos, as formas de navegação e o acesso rápido a diversas fontes de informação. Isso também leva em conta as novas mídias e os gêneros textuais que são gerados nesses ambientes, isto é, tendem a ser percebidos como novos. Essas pesquisadoras salientam as habilidades que são provocadas pelas leituras em múltiplas fontes, ou seja, em mais de um texto sobre determinado tema. Para esse tipo de leitura ser bem-feita, há a exigência de que o leitor ou a leitora tenha uma postura investigativa. Essa postura demanda ao menos duas coisas: que algumas perguntas sejam formuladas e que se perceba a leitura como uma forma de encontrar dados e elementos que ajudem a elaborar possíveis respostas para essas tais perguntas.

Na próxima seção, abordaremos a leitura em múltiplas fontes e a leitura como processo investigativo, assuntos mais que prementes hoje em dia na área da Linguística Aplicada. Antes disso, no entanto, trataremos brevemente da noção de navegação, processo crucial na leitura em ambientes digitais, mas não nos esqueçamos de que é também fundamental na leitura de textos impressos.

NAVEGAR E LER

Um leitor ou leitora familiarizado/a com determinado gênero discursivo sabe mais ou menos em que partes do texto vai encontrar certas informações de que precisa, pois já tem um "mapa" aproximado desse texto na cabeça. O contrário se passa com quem não conhece bem aquele gênero, ou seja, a pessoa não sabe bem o que esperar e tem mais dificuldades de antever elementos ou de encontrar informações. É claro que estamos explicando de maneira muito simplificada, mas, de modo geral, isso acontece porque os gêneros demandam algo que podemos chamar de *navegação*.

Vamos fazer uma analogia e pensar, por exemplo, em um livro – não é um gênero textual, mas é um portador de importância central em nossa cultura. Geralmente, dentro de uma expectativa de "relativa estabilidade", saberemos que informações como o nome da obra, a autoria e a editora, além de alguma imagem ou design que pretende chamar a atenção do leitor, são elementos que estarão na primeira capa. Na quarta capa ou contracapa, normalmente, encontramos uma sinopse, um pequeno trecho retirado do livro, breves comentários elogiosos etc., o que funciona como mais uma tentativa de fisgar o leitor. Nas orelhas, mais informações sobre o livro, o autor ou a coleção. No miolo, podemos acessar um sumário, em que vamos encontrar os nomes dos capítulos, que, por sua vez, dão uma ideia prévia dos temas que constam naquele volume, além de uma noção geral da organização desses temas. Tudo isso pode, por exemplo, ajudar na escolha do livro, na seleção das partes que se pretende ler, ou ainda por onde começar a ler, confrontando-se a trilha de leitura ali sugerida com nossos objetivos de leitura e caminhos efetivamente a trilhar. Aí é importante que entre o gênero: um livro de poemas ou de contos pode deixar o leitor mais livre na navegação, já que ele pode escolher começar pelo último texto ou pelo meio do volume, fazendo movimentos que oscilam, sem que prejudiquem a continuidade da história ou a coerência geral da obra. Diferentemente, um romance convencional é em geral estruturado para que certa sequência narrativa seja respeitada, com encadeamentos de acontecimentos que normalmente estão firmemente propostos. É claro que é possível subverter essas trilhas, afinal a vigilância sobre a leitura tem limites, mas essa subversão pode custar, mais facilmente, a dificuldade de entender a história ou uma compreensão bastante desviante.

Na internet, podemos começar nossas trilhas pela busca por informações (o que acontece também em um ambiente de biblioteca física). Geralmente, temos uma pergunta, um problema, uma necessidade ou uma curiosidade na cabeça e vamos procurar por respostas, soluções ou conhecimentos. Diante disso, iniciaremos nossa pesquisa com maior ou menor grau de eficiência, dependendo da nossa capacidade de explorar os mecanismos de busca que o ambiente propicia (palavras-chave, filtros, hashtags, critérios específicos etc.). Ao entrar no ambiente, vamos encontrando informações nos sites, portais, blogs, wikis, redes sociais e selecionando aquelas que mais nos interessam ou que nos parecem mais pertinentes. Paremos para refletir: com que critérios fazemos isso? Que estratégias usamos? Como monitoramos nossa busca? O que faz com que uma busca seja eficaz, isto é, nos traga resultados que importam? Que erros são cometidos nesse caminho? Essas são algumas indagações que têm preocupado linguistas e outros profissionais que se interessam pela compreensão de textos em ambientes digitais e pelo ensino e aprendizagem de competências relacionadas.

Uma vez encontradas e selecionadas as informações que buscamos, elas precisam ser compreendidas, de preferência com alguma profundidade. O leitor precisa entender os textos (o que exige a mobilização de diversas habilidades de leitura), além de avaliar a qualidade, a confiabilidade e a pertinência dessas informações. Mais ainda: ele deve sintetizar e integrar essas informações em uma representação mental que conduza ao cumprimento dos seus objetivos de leitura. Todo esse processo ajuda a entender sobre os usos das linguagens e a pensar em estratégias de ensino que abordem essas questões. É claro que tudo isso interessa aos linguistas aplicados.

Nas situações escolares de ensino e aprendizagem, é bastante comum que os estudantes recebam um único texto para ler, já selecionado pelo professor ou que já esteja no livro didático. Até que ponto isso é bom? Talvez não chegue a ser um problema, pois os alunos podem ter aí oportunidades de contato com bons modelos, no entanto, podemos ponderar que também é uma limitação, uma vez que, na vida em sociedade, todos temos de aprender a encontrar e selecionar textos, o que exige a aplicação de certos critérios. Se os alunos não forem motivados e expostos à experiência de lidar com múltiplas fontes, não estarão sendo preparados para a maioria das situações de leitura, de compreensão e de aprendizagem de sua vida, inclusive dentro das instituições de ensino.

A leitura é um processo investigativo em que respostas precisam ser procuradas, construídas, conferidas, comparadas e avaliadas, até que se possa chegar a uma conclusão (que é sempre temporária e deve ser revista a cada leitura). Não estamos falando apenas da leitura cujo objetivo seja aprender algum conteúdo, mas também da compreensão de textos dos mais diversos gêneros.

Pensemos, por exemplo, em um poema. Há quem considere a leitura de poemas uma tarefa difícil. Talvez seja mesmo uma atividade sofisticada, a depender do poema, mas um fator contribui para isso: a ideia de que basta apenas uma leitura para compreender os textos. Poemas muitas vezes não facilitam, exigem segundas, terceiras e quartas leituras e discussões. Afinal, por quê? Bem, eles podem ser muito sucintos, demandando grandes inferências; e podem escamotear informações, trazendo sentidos nas entrelinhas, o que exige um trabalho bastante ativo do leitor para desdobrar as linhas e compreender o que ficou entre elas. Não é trabalho para uma visada só. Pede atenção, estratégia, investigação, conhecimento, pensamento, leitura e releitura, além da capacidade de persistir, ser criativo, entrar no jogo.

Todo esse processo de compreensão de textos envolve diversas habilidades. Linguistas, de modo geral, e linguistas aplicados, em particular, têm investido grandes esforços em pesquisas que procuram identificar e categorizar essas habilidades. Por exemplo, o professor Marcelo Dias e a professora Ana Elisa Costa Novais, linguistas aplicados que atuam na educação básica, a partir de suas pesquisas e observações, elaboraram o que chamamos de *matriz* relacionada ao letramento digital das pessoas, ou seja, seu interesse recai sobre as habilidades que um conjunto de leitores tem especificamente em ambiente digital de navegação e leitura. Para isso, eles fizeram um levantamento detalhado de habilidades necessárias para que possamos lidar, de forma adequada e eficaz, com tecnologias digitais (ambientes, equipamentos, programas etc.). O texto em que eles propuseram essa matriz está disponível na internet e é uma boa referência para quem quer se aprofundar no assunto. Trata-se de um material pioneiro no tema em nosso país, que pode servir de inspiração para outras matrizes e para aplicação de avaliações em sala de aula.

Para explicar melhor o que é uma matriz, é importante saber que as frases que apresentam as habilidades são chamadas de *descritores*, e Marcelo e Ana Elisa apresentam um quadro em que essas habilidades são divididas em quatro grupos de ações, a saber:

[1] utilizar diferentes interfaces;
[2] buscar e organizar informações em ambiente digital;
[3] ler hipertexto digital; e
[4] produzir textos (orais ou escritos) para ambientes digitais.

Essas categorias foram subdivididas em diversas habilidades que, segundo propõem as pesquisas, precisam ser dominadas ou com as quais devemos nos familiarizar, em especial se quisermos nos mover bem em uma sociedade muito informatizada. Só assim, experts num conjunto dessas habilidades, poderemos ser considerados letrados digitais. É importante frisar, no entanto, que o conjunto das habilidades que produz um letrado digital não é fixo e finito. As tecnologias mudam muito, *hardware* e *software*, o que nos torna sempre navegantes de ondas que vão e vêm. Os recursos e os ambientes evoluem, o que nos convida a estar sempre dispostos a aprender novos conjuntos de habilidades, sendo que estas se integrarão em matrizes sempre revisadas.

O material que então chamamos de *matriz* é um exemplo e uma possibilidade de organização das habilidades envolvidas na interação com ambientes digitais. Matrizes são fruto de estudos teóricos e empíricos e nos ajudam a compreender os diversos processos envolvidos em uma atividade. A elaboração de uma matriz é algo fundamental para a compreensão e a sistematização das habilidades envolvidas em uma competência, por exemplo, como a leitura ou como a escrita. Matrizes costumam ser apresentadas em forma de tabela ou quadro, na qual, em linhas e colunas, são detalhadas as habilidades e outros elementos envolvidos então nas competências, segundo a organização proposta pelos pesquisadores. São exemplos desses outros elementos os gêneros textuais em estudo, o nível de dificuldade da habilidade ou a categoria na qual ela se enquadra. Desse modo, o detalhamento dos elementos que, juntos, comporão uma competência permite aos linguistas aplicados detectar problemas com mais precisão, o que facilita a proposição de formas de intervenção para sua solução. Por exemplo, depois de uma pesquisa de campo ou de uma avaliação com uso de uma matriz, é possível identificar quais habilidades de leitura os estudantes não dominam ou aquelas com que têm evidente dificuldade para melhor direcionar as atividades educacionais que possam trabalhar essas questões.

TECNOLOGIAS (DIGITAIS) E A PRODUÇÃO DE TEXTOS

A matriz proposta pelos professores Marcelo Dias e Ana Elisa Costa Novais, assim como outras matrizes e os estudos de vários pesquisadores brasileiros e estrangeiros, inclui a produção de textos em e para ambientes digitais. Além da leitura e compreensão de textos, espera-se que as pessoas também saibam produzir textos em diversas situações, com variados propósitos e recursos. Ou seja, essa produção envolve tanto o uso de tecnologias como o lápis, o papel e a caneta quanto os computadores, com seus editores eletrônicos de texto, editores de áudio e de vídeo.

A Base Nacional Comum Curricular apresenta uma matriz. Quem está familiarizado com o documento observa que estão ali quadros com descritores codificados, cada um dedicado a uma habilidade que deve ser, segundo a política pública em vigor, desenvolvida pelos estudantes ao longo das séries da educação básica. São propostos graus de complexidade que levam em consideração gêneros de textos, extensões, ampliação da quantidade de fontes etc.

Tecnologias digitais, textos e ensino

A BNCC aponta firmemente para a necessidade de que os jovens saibam produzir textos em várias mídias, para diversas situações e usando muitas linguagens. Para isso, é claro, eles precisam lidar com variadas tecnologias de escrita. A oralidade também é contemplada e valorizada na Base como uma forma de produção que precisa ser sistematizada e desenvolvida pelos estudantes. Dois elementos dos quais já tratamos neste livro aparecem nesse documento: a hipertextualidade e a multimodalidade. É importante lembrar que o trabalho com materiais hipertextuais e multimodais pode ser explorado tanto em textos impressos quanto em digitais, mas o que se requer aqui é que os estudantes saibam lidar com elementos e recursos que nem sempre são explorados da mesma forma nesses dois ambientes. O trabalho com a hipertextualidade em ambiente digital, por exemplo, requer que os alunos façam um planejamento do texto a fim de programarem quais links serão disponibilizados, que tipo de informação acrescentarão ao texto, como esse texto será seccionado, que informações aparecerão em que nível (primeira página, páginas secundárias, terciárias etc.), onde e de que forma elas serão apresentadas (ao longo do texto ou organizadas em um menu?), entre outras possibilidades. A multimodalidade, por sua vez, se for explorada de maneira mais complexa e sofisticada, pode demandar o planejamento do uso de outras linguagens, de vários modos semióticos (som, imagem etc.), do formato do texto, das cores, de boxes, da presença de animações e movimentos, de áudios, de imagens, ou seja, requer um design do texto que pretende funcionar bem para determinada situação comunicativa.

Bem, estamos tratando de textos quase sempre imaginando que eles sejam escritos, mas cabe um apontamento. Quando se pensa em produção de texto, costumamos nos lembrar da tradicional redação escolar ou mesmo da temida "redação do Enem". No entanto, produzir textos hoje vai muito além de uma página pequena escrita à caneta. Produzir textos é lidar com diversos gêneros textuais, inclusive orais (e aqui enfatizamos a oralidade como modalidade de muitos textos), que demandam o uso de outras linguagens e, inclusive, de outras tecnologias. Vários desses gêneros são mencionados na BNCC e várias práticas comunicativas são incentivadas no documento, como podemos verificar no seguinte trecho em destaque:

75

> As práticas de linguagem contemporâneas não só envolvem novos gêneros e textos cada vez mais multissemióticos e multimidiáticos, como também novas formas de produzir, de configurar, de disponibilizar, de replicar e de interagir. As novas ferramentas de edição de textos, áudios, fotos, vídeos tornam acessíveis a qualquer um a produção e disponibilização de textos multissemióticos nas redes sociais e outros ambientes da web. Não só é possível acessar conteúdos variados em diferentes mídias, como também produzir e publicar fotos, vídeos diversos, podcasts, infográficos, enciclopédias colaborativas, revistas e livros digitais etc. Depois de ler um livro de literatura ou assistir a um filme, pode-se postar comentários em redes sociais específicas, seguir diretores, autores, escritores, acompanhar de perto seu trabalho; podemos produzir playlists, vlogs, vídeos-minuto, escrever fanfics, produzir e-zines, nos tornar um booktuber, dentre outras muitas possibilidades. Em tese, a web é democrática: todos podem acessá-la e alimentá-la continuamente. Mas se esse espaço é livre e bastante familiar para crianças, adolescentes e jovens de hoje, por que a escola teria que, de alguma forma, considerá-lo? (Base Nacional Comum Curricular, Brasil, 2018: 68)

É possível notar aí uma concepção de produção de textos que abraça várias mídias e diversas linguagens. Essa produção normalmente demanda editores de áudio, vídeo, imagens, texto e, para isso, o redator precisa estar familiarizado com esses recursos, técnicas e linguagens. Aqui podemos nos perguntar: quem se encarrega de ensinar isso aos jovens de hoje? Como deve ser o ensino dessas possibilidades de apropriação da escrita ou dos textos?

A BNCC também estimula a resposta às informações recebidas e aos acontecimentos ao nosso redor. Não só assistimos passivamente, mas também criamos, produzimos, construímos e publicamos nossas respostas ao que lemos, vemos e vivenciamos. O documento faz uma convocação para que a escola incorpore esse tema aos seus espaços sistematizados de discussão e que enfrente as possibilidades digitais de interação, a fim de tornar o cenário da comunicação atual cada vez mais democrático, contribuindo também efetivamente para a formação de pessoas cada vez mais capazes de exercer plenamente sua cidadania.

Como se pode notar, as tecnologias provocam debates importantes e que terminam por exigir mudanças nas instituições escolares, nos projetos pedagógicos, na estrutura física das escolas, na organização do tempo de aulas e de trabalho, nas técnicas e nas estratégias de ensino e aprendizagem. Como editar um áudio ou produzir um vídeo em uma sala de aula cheia de carteiras rigidamente enfileiradas? Ou em um recinto no qual a turma deva estar em rigoroso silêncio? Aulas expositivas podem ajudar na orientação dos estudantes quanto a alguns aspectos dessas práticas, mas não serão eficazes em todo o processo de produção. Sendo assim, qual é a melhor maneira de ajudar os alunos a dominarem essas linguagens? Que habilidades eles devem desenvolver? Quais delas são mais fáceis ou mais essenciais, e quais seriam mais complexas e sofisticadas? Qual seria uma escala de complexidade para o desenvolvimento dessas habilidades?

Essas são questões que envolvem a leitura e a escrita e que precisam ser entendidas como compromisso de todas as áreas, é certo, mas cabe aos pesquisadores da Linguística Aplicada uma investigação mais aprofundada de tais fenômenos. Com isso, é possível oferecer explicações e mesmo orientações que subsidiem a formação de educadores e a implementação de currículos mais alinhados às práticas sociais relacionadas à linguagem hoje.

UM POUCO MAIS SOBRE AVALIAÇÕES E PARA QUE ELAS SERVEM

Já tratamos brevemente aqui de matrizes e descritores, que são parte de avaliações importantes. O tema da avaliação, no entanto, é parte fundamental das atividades escolares. De uma maneira ou de outra, é sempre necessário avaliar, o que deveria ter o sentido de acompanhar processos de aprendizagem e verificar se as pessoas aprenderam algo ou não. Avaliar está, portanto, intrinsecamente relacionado a algum objetivo. Sem clareza dos objetivos a serem alcançados e sem uma forma bem pensada e pertinente de avaliar, é possível que a avaliação não passe de um obstáculo. É comum que provas e trabalhos sejam temidos pelos estudantes, que nem sempre compreendem sua necessidade, para além de certo controle. Os professores e as professoras também têm lá seus debates em relação às avaliações. Há maneiras e maneiras de avaliar, inclusive de forma individual ou coletiva, com menos e mais decoreba, de maneira padronizada ou não, levando em consideração muitos critérios possíveis.

A avaliação não interessa apenas à escola, mas aos pesquisadores e pesquisadoras, que buscam pensar soluções e formas interessantes e proveitosas de avaliar. E nenhuma avaliação é isenta e neutra. Todas elas têm seus direcionamentos e seu rol de elementos a capturar, examinar, de modo menos ou mais duro, por exemplo.

Na Linguística Aplicada, sabemos que pensar em leitura e produção de textos, e em educação, leva a pensar também em avaliação, isto é, maneiras de verificar se as pessoas estão lendo ou produzindo textos de maneira adequada, conforme certos objetivos, embora nem sempre haja um gabarito fechadinho e preciso sobre os resultados. Avaliação é um tema caro à LA, uma vez que levanta problemas que precisam ser explicados e solucionados por essa e outras áreas afins.

Primeiramente, nós consideramos importante parar de pensar a avaliação apenas na forma de provas. É preciso pensar em formas de avaliar e avaliar o que, e nem sempre a prova é o melhor instrumento. Sem falar que existem tipos de provas que não dão espaço algum a quem a faz, o que pode ser terrível e indutor. Houve um tempo em que, de fato, só se executava a prova na escola, mas hoje isso já mudou e podemos pensar, tranquilamente, em formas de avaliação mais flexíveis, mas nem por isso menos produtivas e eficazes.

Para se saber se algo está bem-feito e alcança seus objetivos, é preciso ter metas, realizar ações para chegar lá e ser avaliado para identificar ou verificar quais das metas foram alcançadas. Há algo muito importante na sequência: saber que ações precisam ser feitas para manter as metas atingidas e para alcançar aquelas que ainda não foram conquistadas. Esse é (ou deveria ser) um processo contínuo, e que se retroalimenta constantemente. No caso da LA, avaliar a compreensão e a produção de textos é um desafio muito interessante, e raramente tem a ver apenas com avaliar conhecimento de gramática normativa. Essa questão tem sido repensada há décadas, isto é, a das normas e classificações gramaticais quando funcionam como se fossem o eixo central, às vezes o único, do ensino de língua materna.

Vamos então considerar o que propõe a BNCC, este documento oficial da nossa educação na atualidade, além dos documentos complementares a ela, como o Caderno de Práticas. Neles, a avaliação precisa identificar o que os alunos e as alunas já sabem, ou seja, suas experiências e conhecimentos prévios devem ser verificados em avaliações diagnósticas. Isso deve estar de acordo com as características do conteúdo envolvido na situação de ensino e aprendizagem, o que significa que alguns conteúdos são mais conceituais e teóricos, enquanto outros envolvem mais a aplicação desses conceitos, o colocar a teoria em prática. A avaliação também deve explorar uma variedade de formas e estratégias adequadas à situação de leitura ou de escrita, por exemplo.

Descobrir o que os alunos já sabem é fundamental para que o professor possa planejar suas intervenções e criar estratégias de ensino que vão ajudar as pessoas a conquistar as habilidades e os conhecimentos que ainda precisam ser desenvolvidos. Que sentido faz apenas repetir o que leitores e escritores já sabem? O ideal é munir-se de conhecimentos para planejar aulas e atividades que levem os jovens (e os adultos) a evoluir, alcançar novos patamares.

Para avaliar tanto a compreensão quando a produção dos mais diversos gêneros textuais, sejam eles orais ou escritos, precisamos compreender esses processos, tanto de ler quanto de escrever, em sua complexidade. Isto é, precisamos perceber que eles envolvem uma gama de aspectos linguísticos, semióticos, socioculturais, cognitivos e históricos, entre outros. Nos aspectos linguísticos estão incluídos os itens relacionados ao léxico, à morfossintaxe, à semântica, à pragmática e ao discurso. Nos semióticos, podemos elencar aqueles relacionados às diversas linguagens – ou modos e recursos – mobilizadas para a composição dos textos, lembrando sempre que todo texto é multimodal e deve ser lido na interação de suas camadas de sentidos, segundo a abordagem que consideramos hoje e que influencia a própria BNCC.

Em relação aos aspectos socioculturais, devemos considerar a bagagem e o repertório do estudante, suas experiências, vivências e crenças. Esse aspecto é delicado e está em pauta em nossa sociedade, especialmente quando a questão é a diversidade cultural que encontramos em nossas salas de aula. Em relação aos aspectos cognitivos, observamos tanto as habilidades que a pessoa já desenvolveu e as que ainda estão em desenvolvimento quanto aquelas que ainda precisam ser desenvolvidas, por exemplo, a identificação de informações explícitas, a percepção de intertextualidade, a produção de inferências, a percepção de ironias e a interpretação de figuras de linguagem variadas. Quanto aos aspectos históricos, devemos considerar questões sobre o que se lê/escreve/fala/escuta, em que suportes e mídias, de que formas, por que e para quê. É preciso pensar em como isso é feito hoje e buscar projetar o amanhã, para que possamos preparar nossos estudantes para lidarem com realidades que estão por vir, num futuro próximo, já que o que vem é resultado de nossas ações e preocupações.

Embora estejamos muito acostumados a pensar a avaliação como provas cheias de questões de múltipla escolha ou de perguntas abertas pré-formatadas, aplicadas em momentos estressantes, há vários tipos de avaliação diferentes desses e que se moldam aos propósitos que podemos ter ao dar aulas e ensinar. Temos avaliações que podem ser feitas com base em observação; em atividades orais, como conversas e discussões; em desenhos ou pela construção de maquetes; em jogos, na solução de problemas e desafios; em dramatizações; entre várias outras formas, que podem ser feitas, como já mencionamos, individualmente, em duplas, em pequenos grupos ou num coletivo maior. É claro que isso exige inclusive habilidades interpessoais diferentes e que também podem ser desenvolvidas.

As avaliações podem ter a função de fazer um diagnóstico, ou seja, identificar em que ponto da aprendizagem estão os alunos, o que já sabem e o que ainda precisam saber. Mas também podem ser formativas, quando buscam colaborar para a formação dos estudantes, para o seu desenvolvimento e, portanto, envolvem a entrega e a discussão dos resultados com os alunos, com vistas a ajudá-los a compreender os aspectos que ainda precisam ser conquistados e dando orientações de como fazer isso ao longo do processo de ensino e aprendizagem. Há também aquelas que têm o objetivo de classificar os estudantes e costumam ser feitas no final do processo, para verificar quem foi bem-sucedido naquela etapa escolar e quem ainda precisa de mais atenção. É claro que estamos aqui fazendo uma apresentação bem breve desses tipos de avaliação, sabendo dos riscos de simplificação por não destacar as diversas nuances e aspectos envolvidos neles.

É bom relembrar que avaliar não é apenas dar nota ou ranquear. A avaliação é reflexo da concepção de ensino e aprendizagem adotada. Se é transmissão de conhecimento, provavelmente isso será medido em provas tradicionais, nas quais as respostas são classificadas em certas e erradas, os alunos são ranqueados em notas e esse é o fim do processo. Numa concepção mais emancipadora, mais construtivista, espera-se a aplicação de formas diversificadas de avaliação, incluindo aquelas que consideram o trabalho colaborativo, que aceitam respostas possíveis, críticas, reflexões e que contribuem para a aprendizagem dos estudantes, em etapas diversas.

Além das avaliações feitas como parte do cotidiano escolar, existem aquelas feitas em larga escala, ou seja, num universo grande de alunos de diversas escolas, até em regiões muito amplas. Essas avaliações podem ser municipais, estaduais, nacionais e até mesmo internacionais. Temos, por exemplo, avaliações nacionais bastante conhecidas, como a Prova Brasil, o Saeb e o Enem, que avaliam etapas diversas de escolaridade, conteúdos sensivelmente diferentes, e mesmo objetivam coisas diferentes. Embora todas tenham relação com diagnósticos e prognósticos, ou seja, seus resultados são analisados e ajudam na tomada de decisões para políticas públicas mais amplas. O Enem, por exemplo, ganhou ainda o objetivo de levar os jovens ao ensino superior, funcionando como porta de entrada para as universidades brasileiras. Todas essas "provas" são produzidas com base em matrizes e, depois, seus resultados passam por rigorosas análises estatísticas, além de debates qualitativos.

Uma avaliação internacional que sempre provoca muita discussão em nosso país é o Programa Internacional de Avaliação de Estudantes (Pisa). O Pisa é organizado e aplicado de três em três anos pela Organização para a Cooperação e Desenvolvimento Econômico (OCDE) e fornece dados sobre o desempenho dos estudantes de 15 anos por meio de uma prova baseada em uma matriz. Essa idade é a faixa de finalização da escolaridade obrigatória em vários países, por isso a escolha dela. Os resultados do Pisa permitem a comparação da aprendizagem dos jovens de várias nacionalidades, promovendo uma troca de informações sobre práticas e políticas educacionais. Tudo, é claro, visando a uma melhoria de qualidade nas escolas. Quem aplica o Pisa no Brasil é o Instituto Nacional de Estudos e Pesquisas Educacionais Anísio Teixeira, o Inep, que também aplica o Enem e outras avaliações em larga escala. O Pisa avalia os estudantes em leitura, matemática e ciências, sendo que a cada aplicação um desses domínios ganha ênfase (a prova tem maior número de questões de leitura, por exemplo). A primeira edição do Pisa foi em 2000 e o Brasil já participava.

Os resultados das avaliações, na verdade, são bem menos conhecidos do que gostaríamos e raramente são usados para melhorar a qualidade ou para orientar políticas públicas. A imprensa costuma divulgar os rankings das escolas, dos estados, dos países, mas dificilmente o levantamento das habilidades que os alunos já desenvolveram e daquelas que eles ainda precisam desenvolver é apresentado e se torna tema das discussões mais amplas. Mais raro ainda é encontrar propostas de ações educativas e de investimentos na educação que visem a melhorar a qualidade do ensino, desenvolver de forma mais específica as habilidades que os estudantes ainda não dominam ou orientar os professores em relação ao que eles podem fazer para desenvolver essas habilidades nos seus estudantes, ao longo dos anos escolares. Todos os anos, a imprensa alardeia a notícia de que o Brasil vai mal no ranking do Pisa ou de que grande porcentagem dos alunos não se saiu bem na redação do Enem, no entanto são raríssimas as iniciativas e políticas que pretendem mudar essa realidade.

Há alguns elementos importantes e recorrentes quando se pensa em avaliações. Para avaliar, precisamos saber, primeiramente, o que queremos medir; a partir disso, poderemos pensar em como fazer, como alcançar nossos objetivos. Pode parecer óbvio, mas nem sempre sabemos o que estamos avaliando com nossas provas, por exemplo. O que significa avaliar a leitura? Como avaliá-la? Como sabemos se um estudante compreendeu um texto? Em que proporção? A leitura e a produção de textos não são blocos que podemos simplesmente medir e concluir que alguém sabe ou não, e pronto. Isso não basta. A compreensão de um texto é fruto da mobilização de diversas habilidades. Por exemplo, ela envolve a decodificação de letras em sons e palavras, a construção sintática das frases, a recuperação das cadeias e redes que compõem esse texto, a produção de diversos tipos de inferências, entre muitas outras habilidades. O mesmo podemos dizer em relação à produção de textos, que envolve um longo percurso entre ter uma ideia, planejar a organização desse texto, identificar um gênero pertinente, escolher o tom e os elementos linguísticos que traduzirão as ideias de maneira satisfatória ou eficaz, executar esse texto, muitas vezes empregando outros modos semióticos, depois levar o leitor a construir algo semelhante ao esperado ou ter as reações que se esperava que ele tivesse.

Esse conjunto complexo de habilidades pode ser fatorado e organizado na forma de uma matriz de referência, que, como já explicamos antes, é um quadro no qual são explicitados todos os descritores que serão verificados naquela avaliação. A matriz é um instrumento que norteia a produção das questões (itens, as questões de prova) e que busca captar as habilidades que se espera medir nos estudantes ou nos participantes da avaliação.

É importante lembrar que há grandes diferenças entre matrizes de avaliação e matrizes de ensino. As primeiras precisam ser mais condensadas e específicas, porque seu objetivo é medir o essencial em um teste que tem limite de tempo relativamente curto. As matrizes de ensino, por sua vez, devem apresentar o currículo a ser desenvolvido durante os anos escolares, o que as torna, portanto, mais abrangentes, completas e detalhadas.

Como dissemos brevemente antes, descritores são uma frase que apresenta um objetivo ou meta de aprendizagem, o que traduz uma habilidade que precisa ser desenvolvida pelos estudantes. Descritores normalmente deveriam ser compostos como verbo + substantivo + complemento, por exemplo: "Inferir o sentido de uma palavra" ou "Identificar o tema em um debate oral". Embora essa seja a regra de redação desses textos, muitas vezes esse formato não é respeitado. É comum encontrarmos descritores muito longos e com vários verbos, e até mesmo redigidos de maneira imprecisa, o que dificulta a compreensão e a aplicação deles, acarretando problemas nos resultados e, claro, na avaliação de maneira geral.

Uma vez construída a matriz e detalhadas as habilidades a serem verificadas, outros elementos da avaliação são pensados. No caso de uma avaliação de leitura, é preciso pensar nos textos que serão lidos pelos estudantes. É preciso fazer uma boa seleção desses textos, atentando para o grau de dificuldade deles, ou seja, a presença de fatores que podem dificultar a compreensão, como o tamanho, a familiaridade com o tema, a complexidade lexical e sintática, a presença de figuras de linguagem (metáforas, comparações, metonímias etc.), entre outros elementos. Escolhidos os textos, de preferência de gêneros textuais variados e com diferentes graus de dificuldade, são elaborados os itens, ou seja, as questões que comporão a prova. Os itens podem ser de múltipla escolha ou desdobrados em questões abertas. Nos dois casos é preciso seguir as regras de elaboração deles.

Há vários manuais que explicam como devem ser feitos os itens, mas todos eles concordam que se deve escrevê-los com clareza, atentando para que testem um e apenas um descritor, com objetividade e em linguagem adequada ao público-alvo, e não devem confundir o participante da avaliação (sem pegadinhas nem armadilhas).

A professora e pesquisadora Delaine Cafiero, experiente em avaliações, gosta de alertar que "pergunta malfeita tem resposta mal dada", por isso, é preciso ter muita atenção às regras de elaboração e ao objetivo das questões formuladas. Essa autora aponta alguns problemas que costumam ser recorrentes em provas escolares, como a cobrança exagerada de memorização e metalinguagem; a falta de precisão e clareza na elaboração do comando da questão; e a falta de parâmetros para a correção da prova. A esses problemas podemos acrescentar o uso de termos técnicos da matriz ou da área de conhecimento, isto é, termos que provavelmente serão desconhecidos dos estudantes e prejudicarão a compreensão da prova, além da escrita de comandos complexos, confusos e com mais de uma pergunta de uma só vez.

Ao elaborar uma questão, precisamos pensar nas respostas esperadas para compor uma rubrica, ou seja, um guia que nos ajudará a avaliar as respostas, a entender o que elas representam em termos de desenvolvimento das habilidades pelos estudantes e a elaborar um *feedback* (uma devolutiva) para eles, sobretudo para aqueles cujas respostas não foram satisfatórias. Avaliações podem trazer grandes contribuições para o ensino, no entanto, podem ser também perigosas caso sejam consideradas o centro e o objetivo final do ensino. Quem não conhece a enorme tensão de professores e alunos, na terceira série do ensino médio, provocada pelo Enem? Bem, consideramos que não deveria ser assim. O preparo para uma avaliação não deve ser visto como um treinamento intensivo dos alunos. Esse tipo de avaliação deveria refletir o trabalho feito ao longo dos anos de educação formal.

Muitas vezes, vemos aspectos e temas importantes da educação serem deixados de lado em razão de haver uma pressão para que os alunos sejam treinados para determinada avaliação. A pesquisadora Larissa Almeida fez um importante estudo de doutorado no qual verificou que o planejamento dos professores de determinada escola não contemplava uma abordagem do letramento digital sob a alegação de que era preciso preparar os estudantes para se saírem bem em uma avaliação estadual. Há casos também em que só são trabalhados na escola os descritores, as metas ou os objetivos que são cobrados em provas. Quando é assim, o ensino não se torna algo para a vida nem para a formação do aluno como cidadão, mas simplesmente um treinamento para uma prova, o que empobrece muito o ambiente de aprendizagem escolar.

Questões de múltipla escolha são práticas e viabilizam a aplicação de avaliações em larga escala pela facilidade de aplicação e, sobretudo, de correção das provas. Esse tipo de questão costuma ser muito eficiente para revelar diversas habilidades de compreensão de textos, no entanto, pode limitar a avaliação de aspectos relacionados aos usos sociais da linguagem e de habilidades mais complexas, assim como aqueles relacionados à produção de textos.

As avaliações que temos no Brasil ainda não contemplam o letramento digital em suas matrizes, e, quando o fazem, como é o caso do Enem, isso acontece apenas na teoria. A competência de área 1 – Aplicar as tecnologias da comunicação e da informação na escola, no trabalho e em outros contextos relevantes para sua vida – e a de área 8 – Compreender e usar a língua portuguesa como língua materna, geradora de significação e integradora da organização do mundo e da própria identidade – da matriz de referência de Linguagens, Códigos e suas Tecnologias do Enem referem-se às relações de compreensão e aplicação entre TDIC, escola e sociedade. No entanto, nos descritores que constam nos quadros apresentados nessa matriz, a maioria dos verbos usados se refere à identificação e ao reconhecimento (são verbos de localização de informação, e não da aplicação). Vejamos:

H1 – **Identificar** as diferentes linguagens e seus recursos expressivos como elementos de caracterização dos sistemas de comunicação.

H4 – **Reconhecer** posições críticas aos usos sociais que são feitos das linguagens e dos sistemas de comunicação e informação.

H25 – **Identificar**, em textos de diferentes gêneros, as marcas linguísticas que singularizam as variedades linguísticas sociais, regionais e de registro.

H27 – **Reconhecer** os usos da norma padrão da língua portuguesa nas diferentes situações de comunicação.

Diante disso, vamos pensar: como abordar tecnologias digitais em uma prova impressa de múltipla escolha? É mesmo uma situação complicada.

Que tal agora pensarmos em etapas anteriores da educação? Na matriz do Sistema de Avaliação da Educação Básica (Saeb), por exemplo, percebe-se que os descritores dizem respeito à cultura escrita impressa, desconsiderando elementos importantes da cultura digital. Além disso, eles não levam em consideração a multimodalidade dos textos que circulam em nossa sociedade. Trata-se de uma lacuna significante, já que esses são aspectos que, para além de já serem cobrados pela Base Nacional Comum Curricular, estão em nossa paisagem comunicacional diária.

Bem, tão importantes quanto as avaliações são as ações que devem ser tomadas a partir dos resultados gerais alcançados. Pouco adianta avaliar e não mudar o que está sendo feito de ineficaz, o que está deficitário ou insuficiente. Precisamos mudar algumas práticas na escola, caminhar em direção a uma educação mais contemporânea, fazê-la mais eficiente, para mudar o quadro de fracasso (como dizia a professora Magda Soares) que temos na educação, de modo geral. Essas mudanças, no entanto, também precisam contemplar a formação continuada de professores. Seria interessante que os docentes conhecessem bem tanto a teoria por trás de tantas avaliações quanto os instrumentos construídos sobre essas matrizes de habilidades de compreensão e produção de textos, por exemplo. É fundamental que o docente tenha clareza e objetividade na elaboração de itens e de avaliações, assim como que desenvolva uma concepção de ensino e aprendizagem emancipadora, ativa, colaborativa e que incorpore as tecnologias digitais, sempre com criticidade. Mudanças também só serão possíveis se houver investimento em educação, nos prédios, equipamentos e materiais que possam colaborar para uma prática mais significativa, eficiente e prazerosa, tanto para professores quanto para estudantes.

ATIVIDADES

PARTE 1
Atividades de análise e reflexão

1. Cite e explique três questões importantes para a Linguística Aplicada que emergiram da chegada das tecnologias digitais ao horizonte comunicacional dos nossos dias.
2. Em comparação com a leitura dos textos impressos, o que a leitura de textos em ambientes digitais traz de novidade? O que ela exige do leitor, diferente do que é exigido no impresso? Que tal demonstrar hipertextualidade em textos impressos?
3. Como a BNCC considera e incorpora as tecnologias digitais ao seu discurso?
4. Que relação há entre provas, matrizes e descritores? Como produzir questões baseadas nesses instrumentos?

PARTE 2
Sugestões de atividades para aplicação na educação básica

1. Como surgiu e se desenvolveu a escrita em nossa cultura ocidental? Produza com a turma uma linha do tempo – pode ser de um jeito bem visual! – apresentando os principais acontecimentos da história da escrita.
2. Como era ler e escrever antes de tecnologias digitais como o computador e a internet? O que as pessoas liam, onde encontravam os textos e como eles circulavam? Como nossos bisavós trocavam mensagens, como se comunicavam à distância e quais as dificuldades que enfrentavam? Vamos comparar a leitura e a escrita antes dos computadores, da internet e dos *smartphones*. O que mudou na vida das pessoas, para o bem e para o mal?
3. Elabore com a turma um manual de boa navegação, ou seja, de busca eficaz e segura na internet. Esse manual pode ser apresentado em forma de tutorial, em vídeo ou folheto explicativo.

4. Você certamente conhece o jogo da velha. Produza um texto de instrução em que você descreva esse jogo e suas regras para uma pessoa que não sabe jogar. Nesta atividade, os alunos devem conversar com os colegas e discutir sobre a melhor forma de apresentar essas informações, de maneira que a pessoa que ainda não sabe jogar possa compreender o jogo e dar seus primeiros passos. Podem ser usados outros jogos ou brincadeiras simples que todos conhecem, como amarelinha, forca, batalha naval, entre outros. Embora essas sejam brincadeiras bastante analógicas, todas já têm suas versões eletrônicas.

5. Escolha um texto na internet ou que circula nas redes sociais e discuta o grau de credibilidade dele, levantando, para isso, evidências que você encontrou nesse material. São exemplos de questões a serem postas: quem o produziu, qual é a expertise dessa(s) pessoa(s) naquele assunto, que instituição publicou ou apoia essa publicação, se as informações são verdadeiras e confiáveis etc.

O que é ensinar língua materna hoje?

Como já vimos, o ensino de línguas tem sua história, e isso passa por mudanças de perspectivas e abordagens, inspiradas em teorias, autores e ideias que nos chegam. Ensinar uma língua não é repetir métodos e estratégias iguais ao longo do tempo. Sempre há debates e estudos, inclusive em disputa, sobre a aprendizagem humana, a cognição, a disponibilidade para as linguagens, materiais, ferramentas, recursos, motivação, crenças sobre essas aprendizagens, métodos menos e mais eficientes de ensinar e aprender etc., e eles podem nos ajudar a atualizar e a melhorar o que fazemos em nossa atividade docente. Isso também acontece com o ensino de língua materna, embora a maior parte dos aprendizes, neste caso, seja falante nativo do idioma, o que altera um tanto os objetivos e as possibilidades desse ensino e dessa aprendizagem. Vamos discutir um pouco esse tema?

CONCEPÇÕES DE ENSINO DE LÍNGUA MATERNA (LM)

Como vimos lá no começo, em determinada época, no Brasil, ensinar e aprender português foi sinônimo de decorar regras de gramática normativa.

Também já foi aprender a identificar elementos dos textos escritos, em especial com o uso de uma metalinguagem complexa, ou aprender a escrever com base em modelos literários, repetir esses modelos, imitar textos canônicos, distanciar-se da oralidade, até considerando-a incorreta etc.

As mudanças nas teorias, nos métodos e nas abordagens, isto é, nos modos de conceber as aulas de português, passa por discussões científicas sobre concepções de língua, linguagem, texto, discurso, leitura, escrita, aprendizagem, entre outras noções relevantes para essa discussão. Com uma concepção mais alargada e dinâmica de texto, por exemplo, um profissional com formação em Linguística Aplicada pode propor, em sua sala de aula, atividades que levem em conta muito mais do que as palavras enfileiradas, frases amontoadas ou um modelo rígido de produção escrita. Outro fator a se considerar é que a concepção de língua ou de gramática a que um professor adere torna-o menos ou mais reprodutor de preconceito linguístico, isto é, o profissional pode ajudar a espalhar concepções estigmatizantes e excludentes, ou não, ao contrário, pode cumprir sua missão de maneira a introduzir os estudantes nas questões de língua e linguagem com mais criticidade e fundamentação linguística. Hoje em dia, o ensino de língua materna conta com a fundamentação de várias teorias dos estudos da linguagem e umas tantas perspectivas da educação.

É dos estudos linguísticos, mais especificamente da gramática gerativa proposta pelo linguista Noam Chomsky, que vem, por exemplo, uma noção de sintaxe que revela a construção de sentenças a partir da articulação de sintagmas. Desse modo, podemos perceber as frases como sendo construídas de peças que se ligam em vários níveis, compondo uma estrutura hierárquica entre seus elementos. Assim, com um conjunto finito de peças e regras, podemos gerar infinitas possibilidades. Essa forma de entender a sintaxe levou a uma abordagem diferente daquela classificatória que usávamos anteriormente. Em contextos de ensino e aprendizagem da língua materna, a classificação levava a ensinar aos estudantes os nomes de períodos e partes da oração sem que eles realmente compreendessem o funcionamento desses elementos. Aprender sintaxe passou a ser, então, perceber os componentes das sentenças, como se articulam, que possibilidades oferecem, assim como experimentar os efeitos dessas estruturas para a semântica, ou seja, para a produção dos sentidos. É claro que esse é apenas um exemplo do que os estudos linguísticos podem oferecer, inclusive em termos práticos, já que eles influenciam nossos modos de ensinar e aprender. Essas teorias importantes devem ser mais bem estudadas e aprofundadas por todos nós, professores e professoras, em formação e em serviço, desde que saibamos que "tudo muda, o tempo todo, no mundo".

Outro exemplo nos ajuda a pensar sobre o ensino e a aprendizagem de português. Para dar conta das relações entre as frases, a Linguística Textual propôs formas de compreender os mecanismos de coesão e as cadeias referenciais que encontramos nos textos. Não basta saber ler a palavra "ela", nem apenas identificá-la como pronome pessoal, ou como sujeito ou objeto da frase. É preciso também saber a quem "ela" se refere no texto, que conexão esse item produz. O mesmo acontece com expressões que indicam espaços, tempos, assim como com elementos dos textos que indicam as relações lógicas que precisam ser construídas nele, como sequências, causalidade, finalidade, contrastes, entre outras. Aprender sobre coesão costuma ser surpreendente, por exemplo, na hora de ler e de escrever. Já tivemos alunos da educação básica que ficaram surpresos quando perceberam que pronomes serviam, por exemplo, para substituir nomes em determinados contextos de escrita, colaborando para a progressão do texto ou para evitar uma ambiguidade. Certa vez, um estudante exclamou assim: "ah, então serve para isso?!", depois de ter passado anos apenas classificando pronomes, sem entender que efeitos eles poderiam produzir quando usados.

Em uma abordagem mais atualizada de ensino de português (e isso já tem cerca de 40 anos...), o texto é a unidade central da aprendizagem. É ele que oferece contexto e condições para o estudo de tudo o mais. É importante, além disso, que se conceba o próprio texto para além dos elementos estritamente linguísticos ou dos itens explicitados. Elementos contextuais, sejam eles sociais (quem são e qual a relação entre os falantes ou as personagens, por exemplo), históricos (como, a que época, lugar ou contexto histórico o texto se refere ou em que foi produzido) ou situacionais (em que circunstância aquela comunicação acontece), precisam ser levados em conta, tanto na produção quanto na compreensão e na análise desses textos.

Bem, podemos dizer que os textos fazem parte de situações comunicativas, portanto, não devemos pensar neles sem pensar nisso. Cada situação condiciona a seleção do formato do texto, ou seja, o gênero mais adequado para determinada ocasião, o tom de sua linguagem, a extensão aproximada que ele pode ter etc. Incluímos no formato os elementos não verbais que podem fazer parte da composição. Vejamos uma abordagem semiótica dessas questões.

SEMIÓTICA E ENSINO DE LÍNGUA

Os estudos de semiótica sempre levaram em consideração os aspectos imagéticos dos textos. *Grosso modo*, podemos dizer que a Semiótica é o estudo das diversas formas de representação que usamos para compor textos, assim como dos mecanismos de produção de significados ou, ainda, de como os diversos signos são usados, integrados e combinados para a produção de sentidos. No entanto, há mais de uma semiótica e é preciso distingui-las, já que têm origens diferentes.

Uma semiótica bastante difundida no Brasil é a de Charles Sanders Peirce, que oferece um modelo triádico para a produção de significados. Por aqui, esse modelo teórico foi traduzido e encontrou estudiosos muito reconhecidos, como, por exemplo, a professora Lucia Santaella, que também tem publicações sobre as relações entre a leitura e as tecnologias digitais. Santaella é uma referência inescapável que dialoga bastante com a Linguística Aplicada. No entanto, quando mencionamos os textos multimodais, a multimodalidade e os multiletramentos, seguimos por uma trilha posterior à Semiótica peirceana e que tem origem em outra fonte. Os estudos de Semiótica Social advêm de uma teoria funcionalista da linguagem conhecida como Linguística Sistêmico-Funcional, cujo principal autor é M. A. K. Halliday. A partir das proposições de Halliday, surgiu esta outra Semiótica, que guarda algumas diferenças de base em relação à Semiótica de Peirce. Os estudos de multimodalidade derivam das ideias de Halliday e são desenvolvidos por vários autores, mas especialmente pela dupla Gunther Kress e Theo van Leeuwen, dos anos 1980 em diante. No Brasil, não há obras traduzidas desses autores e de outros seus parceiros, mas as ideias deles foram amplamente difundidas, em especial por pesquisadores como Angela Dionísio, Roxane Rojo, Sônia Pimenta e vários outros.

Os estudos de multimodalidade no bojo da Semiótica Social se desenvolveram principalmente depois dos anos 2000, em nosso país, mas podemos dizer que a difusão do manifesto da pedagogia dos multiletramentos, já citado neste livro, ajudou a divulgar essa metalinguagem e as ideias semióticas desse grupo, inclusive influenciando fortemente a Base Nacional Comum Curricular, da qual voltaremos a tratar em breve.

A percepção da importância da integração de linguagens na composição dos textos, ou seja, do *design* na construção dos significados e no que eles propõem para cumprir os objetivos comunicativos, alcançando o leitor, trouxe para o ensino de língua a necessidade de trabalharmos outras linguagens, abordando todo texto como uma peça multimodal, complexa e na qual todos os elementos ajudam a produzir sentidos, inclusive os não linguísticos, que passam a ser, também, da nossa alçada. Aquela história de "extralinguístico" e "paralinguístico", que excluíam elementos importantes dos textos de nosso radar, passou a não fazer mais sentido, ou a se tornar um obstáculo para a leitura e a produção de textos tão intensamente multimodais, como ocorre nos dias atuais em nossa sociedade.

A Base Nacional Comum Curricular considera tudo isso. Nela está explícita a necessidade de que o texto seja a unidade central do ensino de português, como já afirmamos. Isso não surgiu agora, com a homologação desse documento, em 2018. Essa perspectiva já estava em documentos muito anteriores, desde os anos 1990, quando o Brasil promulgou a Lei de Diretrizes e Bases da Educação e passou a produzir muitos outros documentos que fazem parte das políticas públicas para a educação no país, em contínua discussão e implementação.

Se o texto deve ser o eixo do ensino de língua e do que fazemos em sala de aula, quando atuamos com língua materna, é preciso pensar bem no que isso significa e ter bastante clareza de como concebemos um texto, de que elementos ele é composto, como deve ser lido e produzido, e assim por diante. Sem refletir muito sobre isso e sem abrir espaço de discussão e debate a respeito dessas questões, é bastante mais difícil sentir-se seguro para atuar nas salas de aula reais e para lidar com alunos que vivem na contemporaneidade, mais ainda para trazer a BNCC para a escola, criticamente.

A multimodalidade, atributo de todos os textos, está posta na BNCC de maneira enfática. Se pensarmos bem, várias atividades escolares, com gêneros discursivos diversos, já se aproximavam de uma abordagem multimodalista, no entanto, quando é que nos distanciamos disso e, portanto, fugimos ao que se considera importante e fundamental para a formação de leitores e produtores de textos hoje?

Quando trabalhamos, em sala de aula de língua materna, com cartazes, maquetes, cartas enigmáticas, infográficos, cartas, mapas, bilhetes etc., algo que está presente em muitos livros e materiais didáticos, já estamos no terreno da multimodalidade há muito. No entanto, é importante saber disso, evitar uma abordagem incidental e ter plena consciência do que buscamos, a fim de atuar com segurança e criticidade. Como alerta o professor Gunther Kress em sua obra, os textos sempre foram multimodais, no entanto a discussão teórica sobre isso, que pôs na mesa essa metalinguagem e uma proposição teórica para lidar com esses aspectos, é mais recente. O interesse por esse assunto também é maior há alguns anos, inclusive impulsionado pela percepção de que temos questões complexas a tratar – nós, dos estudos linguísticos aplicados – se não quisermos fechar os olhos para o mundo em que vivemos. Mesmo com tanto debate acessível, ainda é forte a tradição de ensinar língua materna de modo instrucional, abordando apenas o texto verbal, escrito, como revelam muitas provas e propostas de redação por aí.

Com o advento do computador e da internet, mas também dos softwares de edição de textos capazes de criar camadas de linguagens diferentes, refletir sobre a multimodalidade é uma necessidade premente, uma vez que recebemos mais textos que exploram diversas linguagens e precisamos produzi-los, publicá-los, postá-los, compartilhá-los etc. Postagens nas redes sociais, por exemplo, muitas vezes exigem observação, compreensão e integração de várias linguagens: além da palavra escrita, é preciso pensar na fonte a ser usada, nas cores, nos tamanhos e nas hierarquias que isso cria, nas animações, nas imagens, na música e/ou nos efeitos sonoros. Sendo assim, como produtores dessas postagens, precisamos estar atentos a essas linguagens e saber explorar bem tais recursos, a fim de atingir nossos propósitos comunicativos. Para a BNCC, por exemplo, cabe à escola ajudar os estudantes a desenvolverem essas habilidades, ou seja, como professores de língua materna, estamos envolvidos nisso de maneira intensa e precisamos saber como lidar com essas tecnologias e essa linguagem.

Há, hoje, no Brasil, um grupo grande e importante de linguistas aplicados que desenvolvem discussões e propostas sob a perspectiva da Semiótica Social, teoria da qual deriva a abordagem multimodal dos textos. Eles trabalham não apenas na análise dos textos que circulam fartamente na nossa sociedade, de todos os gêneros possíveis, tentando coletá-los, compreendê-los e explicá-los, mas também pensando em como traduzir essa teoria e as diretrizes da BNCC para atividades nas escolas, propostas que ajudem a mudar a perspectiva e as práticas de quem trabalha com a língua e, mais que isso, com os textos. Essa mudança não quer apenas trocar umas teorias por outras, embora certa disputa política e teórica sempre exista, em todas as épocas. A ideia por trás das mudanças é uma vontade de aproximação entre a escola e as práticas sociais, isto é, que façamos algo que favoreça a formação de cidadãos plenos, críticos e participativos, em vez de pessoas que apenas decoram regras ou, pior, que não têm ideia de para que elas servem ou mesmo tenham uma relação de subserviência e medo com a língua materna, a leitura e a escrita.

ANÁLISE DO DISCURSO E ENSINO

Já sabemos que os estudos linguísticos são um universo múltiplo, com várias subáreas, abordagens, perspectivas, teorias etc. Uma das áreas que se disseminou fortemente no Brasil e que também tem colaborado com vários empréstimos para a Linguística Aplicada e para o ensino de língua materna é a Análise do Discurso ou AD, como é conhecida. Ela tem muitas vertentes e linhas, além de diversas abordagens teóricas, com autores diferentes, alguns muito conhecidos e produtivos para a pesquisa brasileira. Não vamos tratar detidamente da AD aqui, mas tocaremos em alguns dos aspectos que puderam ser incorporados pela LA, sobretudo no que diz respeito ao ensino e à aprendizagem de língua materna.

Uma das contribuições da AD para a LA foi reforçar a ideia da linguagem como prática social. Podemos dizer que um texto não tem um fim em si mesmo; ele faz parte de uma interação e, portanto, deve ser analisado nesse contexto, o da situação discursiva e das marcas que ela deixa nos enunciados. Essas marcas muitas vezes revelam aspectos ideológicos, vieses, tendências, preconceitos etc. e deixam lacunas que dizem muito sobre o que não foi mencionado ou mesmo foi excluído do enunciado, isto é, o não dito também importa. Frequentemente, é possível perceber marcas de hierarquias, de estigmatizações, de exclusões e muitos outros elementos nos discursos, mas, para isso, é preciso ir além das palavras e aprender a fazer leituras críticas e atentas. Uma boa noção de AD pode nos tornar conscientes de muitas coisas que antes passavam em branco. Por outro lado, e felizmente, percebemos também os discursos de inclusão, de acolhimento e de empatia.

A Análise do Discurso chama a atenção para os aspectos ideológicos dos textos, ou seja, todo texto tem, por exemplo, um ponto de vista, um sistema de valores, uma formação discursiva ao qual está ligado ou uma visão de mundo. Esses aspectos dão suporte ao que está sendo dito. Os valores se refletem na escolha do que será dito e na forma como é dito (nas escolhas de palavras e termos, por exemplo, que são caros à AD). Por isso, é preciso ter atenção às escolhas que fazemos na produção de textos, evitando incidentalidades que mostram certa falta de domínio. Também é fundamental ler criticamente os mais diversos materiais, buscando encontrar neles esses aspectos ideológicos, para saber se estamos afinados com eles ou se precisamos nos posicionar contra o que ali é dito e a forma como isso é feito. É bom lembrar que não existe neutralidade quando se trata de discurso, de enunciados, de textos.

Vamos lembrar de alguns exemplos? Há polêmicas que ficam famosas e nos ajudam a refletir sobre textos e linguagem. Uma delas foi gerada quando Dilma Rousseff, presidenta da República entre 2011 e 2016, optou por usar justamente a palavra "presidenta" quando se referissem a ela em seu cargo. Essa escolha foi criticada por muitas pessoas como se fosse um ultraje à língua portuguesa. No entanto, essa possibilidade existe! E não só em termos morfológicos, uma vez que nosso sistema linguístico permite criar palavras assim (mudando o gênero), mas porque se trata de um termo que está nos dicionários. É, portanto, mesmo para os mais radicais defensores da língua, uma palavra que já faz parte do nosso léxico oficial e que, desse modo, está disponível para o emprego pelos falantes e escreventes. Bem, o que interessa pensar é justamente essa questão discursiva e política que se expressa por meio dessa seleção lexical. Não é apenas uma questão gramatical e neutra. Essa escolha lexical tem uma carga discursiva importante, pois marca a presença da mulher na mais alta instância de poder do país, algo ainda infelizmente incomum no mundo. Também marca esse fato como uma conquista histórica e inclui todas as mulheres nessa possibilidade. É uma escolha discursiva e que busca ter impacto em reflexões e posturas sociais. Talvez justamente por isso tenha causado tantas reações, algumas certamente mais ingênuas e desinformadas, enquanto outras são apenas camufladas de argumentos gramaticais, quando, na verdade, querem mesmo é desqualificar a mulher no poder.

Essas e muitas outras contribuições da AD estão contempladas na Base Nacional Comum Curricular, da qual trataremos novamente na próxima seção, ao abordar alguns documentos e diretrizes que têm regido nossa educação nas décadas recentes. Vejamos então.

BNCC, MAIS UMA VEZ

Como sabemos, a Base Nacional Comum Curricular é um documento de caráter normativo que deve servir de referência para a educação básica do país inteiro. Ela é de responsabilidade do Ministério da Educação e foi construída a partir do debate com grupos de pesquisadores, professores e com a sociedade civil, ao longo de vários anos. Depois de uma trajetória um pouco conturbada, esse documento finalmente foi publicado e posto à disposição dos brasileiros em 2017-18. A BNCC não veio do nada. Ela é desdobramento de outros documentos que vinham organizando a educação escolar desde pelo menos a Constituição de 1988 e a Lei de Diretrizes e Bases da Educação, LDB, de 1996. Daí em diante, muitas diretrizes foram publicadas e vimos fazendo sempre exercícios de conhecer, compreender e refletir sobre esses documentos, inclusive criticando-os, já que também expressam discursos e propõem perspectivas com as quais nem sempre estamos totalmente de acordo. De todo modo, é fundamental conhecer a Base e compreender o que ela normatiza.

Como também sabemos, a BNCC define um conjunto do que deve ser ensinado e desenvolvido pelos professores com os estudantes ao longo dos ensinos fundamental (I e II) e médio. A ideia é que isso assegure os direitos de aprendizagem e desenvolvimento de todos os jovens, elemento que já constava de outro documento importante: o Plano Nacional de Educação (PNE).

A Base apresenta também informações que devem orientar (e influenciar, nos próximos anos) os currículos, a formação inicial e continuada de professores, as avaliações massivas (inclusive o Enem), assim como a elaboração de conteúdos educacionais. Ela destaca, entre as competências gerais da educação, a valorização de conhecimentos historicamente construídos, o exercício da curiosidade, da investigação e da análise crítica, a valorização de diversas práticas artísticas e culturais, o uso de muitas linguagens e o domínio de tecnologias digitais da informação e da comunicação (TDIC). Além disso, defende a ética, o diálogo, a cooperação, o respeito e a autonomia. Queremos aqui salientar a preocupação do documento com a diversidade de manifestações culturais, além da menção explícita e até insistente às TDIC.

Tal diversidade deve fazer com que a escola inclua em seu programa não apenas práticas e conteúdos canônicos, mas também os que são produtos de diversas culturas, sendo receptiva também com as diversas linguagens que manifestam essas culturas. Dessa forma, entram em cena, inevitavelmente, discussões sobre preconceitos, entre os quais o preconceito linguístico, vastamente estudado pela Sociolinguística e de grande interesse para a Linguística Aplicada. No Brasil, talvez possamos dizer que o autor mais conhecido e difundido no tema seja o professor Marcos Bagno. Seu livro *Preconceito linguístico: o que é, como se faz* pode ser considerado um clássico incontornável na formação em Letras em nosso país (comentamos na bibliografia, mais adiante).

Culturas são múltiplas e diversas e, no Brasil, com nossa história de colonização e inúmeras levas de imigrações, aqui convivem pessoas de diversas etnias – entre elas as dos diversos povos originários e escravizados. Tal convivência nem sempre é harmoniosa e respeitosa. E as línguas sempre foram elemento central nesse convívio. A linguagem é sempre um ponto de tensão. É o poderoso "arame farpado" que bloqueia os acessos ao poder e aos bens culturais, como dizia o pesquisador Maurizio Gnerre. Com a justificativa da falta de domínio da fala e da escrita padrão, muitas pessoas são desqualificadas e excluídas das escolas, dos empregos e de muitos outros espaços sociais e econômicos.

A escola, sempre considerada uma importantíssima agência de letramento, a depender das concepções que sustenta ou da dificuldade de reflexão e diálogo, acaba por legitimar manifestações que endossam o preconceito linguístico, por exemplo, quando ela elege, autoritariamente e sem debate, uma variante da língua a ser ensinada, excluindo a discussão sobre as variantes faladas pelos estudantes e suas comunidades. Para a Linguística, não existe uma língua melhor do que a outra, assim como não existe uma variante superior, tampouco existe o falar errado (embora a sociedade estabeleça valores para os níveis de domínio da variante considerada como padrão ou norma padrão). Para os linguistas, há noções importantes relacionadas a essa questão, que são a *variação* e a *adequação* linguísticas. Na escola, isso não seria uma questão de vale-tudo, como acusam alguns, mas, sim, uma abordagem científica que leva em consideração todos os aspectos da língua e das linguagens, com a finalidade do estudo, da sistematização e da reflexão, assim como da formação de leitores e produtores de textos conscientes e que manejam bem a língua, conforme as demandas de interação.

Para nós, linguistas, existem inúmeras variantes linguísticas e elas dependem do contexto histórico, geográfico e sociocultural dos falantes/escreventes. Essas variações podem se dar em diversos aspectos da língua, como o fonético e fonológico, quando, por exemplo, ouvimos pronúncias diferentes de determinado som, como para a palavra "leite", que pode ser enunciada /leiti/, /leite/, /leitchi/, entre outras; o lexical, como nas palavras usadas para nomear a mesma coisa, e aí os exemplos são também muitos, como "mexerica", "bergamota" ou "tangerina" para a mesma fruta, às vezes palavras diversas na mesma região; ou no nível morfossintático, em expressões como "somos 3", "somos em 3", ou concordâncias como "os meninos" e "os menino". Se podemos, de início, pensar que dizer "os menino" está errado, precisamos nos lembrar de que, linguisticamente, essa é uma forma muito usada em diversas variantes do português. O que temos de fazer é nos perguntar por que isso acontece. A resposta dos estudiosos é que essa variante tem uma regra, isto é, reflete a noção de que o plural é marcado no determinante, ou seja, no artigo, ficando o nome, o substantivo (e muitas vezes o verbo que o acompanha) no singular. Disso aprendemos que as variações não são aleatórias, pelo contrário, seguem regras e costumam ser sistemáticas, acontecendo da mesma forma em várias ocorrências. Desse modo, não nos cabe, como linguistas, julgar o que é certo e o que é errado, e como usuários da língua é importante saber que devemos escolher a variante ou o registro (grau de formalidade) mais adequando para cada situação. Esta é uma metáfora bem conhecida nos cursos de Letras e que nos serve bem aqui: assim como escolhemos as roupas adequadas para diversas situações das quais participamos, devemos estar atentos aos registros de linguagem que cada situação requer. Num contexto que exige maior cerimônia ou formalidade, como uma entrevista de emprego, um depoimento para uma reportagem ou uma palestra acadêmica, espera-se o uso de um registro mais formal, ao passo que, para uma situação familiar ou num encontro com amigos, espera-se o uso de um registro informal, em conversas, causos e piadas.

Não usar a variante esperada em determinado contexto pode colocar o falante em situação vulnerável ou na qual será vítima de preconceito linguístico; isso também acontece em situações de escrita, e talvez até com maior rigor nos julgamentos. Por isso, na escola, os alunos precisam estudar e exercitar as variantes padrão, o que não significa que outras variantes devem ser "canceladas", discriminadas ou vistas como inferiores e danosas. Pelo contrário, espera-se que, na vida escolar, tais questões, focalizadas à luz dos estudos linguísticos, sejam discutidas, e que essas variantes sejam respeitadas e valorizadas como patrimônio linguístico que são.

A fluência em diferentes graus de formalidade depende da exposição dos alunos a essa linguagem e também de alguma instrução explícita e prática, o que deve levar em conta o uso e o contexto de comunicação, já que o uso da linguagem não é produto de uma ação individual, mas sim construído na interação entre indivíduos, ou seja, é uma questão social. Alguns usos linguísticos são tomados como padrão por uma escolha que geralmente parte de uma elite social e econômica, de escolhas oficiais e institucionais, de políticas relacionadas a governos, do sistema educacional ou da imprensa, que elege ou rechaça formas, principalmente predizendo o que é certo e padrão (ou de prestígio) e o que é errado, a ser até banido. As formas que fogem a esse padrão culto são vistas como erradas, ruins e são estigmatizadas. Com isso, acabamos definindo que aquilo que nos identifica como pessoas pertencentes a um estado ou região, a uma comunidade ou grupo social (não elite), como não sendo dos grandes centros econômicos etc., ou seja, aquilo que caracteriza linguisticamente a maioria dos falantes é estigmatizado, visto como erro ou linguagem empobrecida.

Podemos mudar essa visão fazendo o que nos ensinam Carmen Llamas e Peter Stockwell em um texto intitulado "Sociolinguistics", que faz parte do livro *An Introduction to Applied Linguistics*, de Norbert Schmitt e Michael Rodgers (2020: 161, tradução nossa): "o que já foi visto como gramática 'ruim' pode ser considerado um dialeto sistemático não padrão, e o ensino corretivo pode ser substituído por uma consciência do multidialetalismo". Segundo os autores, isso "pode dar aos alunos um repertório maior nas suas performances, incluindo o acesso a formas padronizadas de prestígio e dar a eles mais confiança em relação às suas próprias habilidades linguísticas. Encoraja a reconhecer a diversidade e a riqueza".

Como alerta o professor e linguista Marcos Bagno, o preconceito linguístico revela o preconceito social, mas vivemos um tempo em que há forte tendência em lutar contra esses preconceitos, mostrar que não se sustentam, não se justificam, explicitar a ignorância por trás deles, além da intolerância e da manipulação ideológica. No entanto, uma luta maior precisa ser travada em relação a esse tipo de preconceito um tanto mais sutil: o que envolve usos da língua. Segundo Bagno, o preconceito linguístico é alimentado e reafirmado diariamente, na imprensa (em todos os seus canais e redes), em manuais que ensinam o que é "correto" e mesmo em livros didáticos, amplamente usados em escolas, que não abrem a discussão para a questão de maneira mais cientificamente informada.

Por exemplo, há pouco tempo, uma "influencer" disse numa rede social digital que dizer "janta" era muito "cafona". É importante observarmos como essa fala vem de uma pessoa que se coloca em um lugar superior ao dos falantes "comuns", posicionando-se como quem sabe mais e colocando as demais pessoas em posição inferior, em posição de serem corrigidas, repreendidas quem sabe. É interessante notar, no entanto, que para a maioria dos falantes "janta" tem um sentido bastante diferente de "jantar". Chamar para a janta é muito diferente de convidar para um jantar. O grau de formalidade, de compromisso e mesmo de expectativa criada nos dois eventos é muito diferente. Até a roupa pode ser diferente para as duas ocasiões! A maioria absoluta dos falantes de português sabe disso. Não existe somente uma forma de dizer, mas cada escolha linguística adiciona diferentes nuances ao que está sendo dito, o que não significa que uma forma é certa em oposição a uma errada.

Bem, estamos dizendo que não podemos nos curvar a esse tipo de comentário em relação aos modos de falar das pessoas, assim como as imposições linguísticas feitas por quem percebe a língua e seu ensino de uma perspectiva normativa e é capaz de deixar muitos falantes inseguros em relação à própria língua. Esse tipo de discurso estabelece uma diferença hierárquica entre os falantes/escreventes, colocando um na posição de inferioridade em relação a outros que têm o poder porque "dominam" o português, "sabem falar" e/ou "sabem escrever". Há uma relação de poder mantida pela linguagem e que pode se revelar no preconceito linguístico. Marcos Bagno, entre outros linguistas de mesma perspectiva, detalha bem essa questão em seus livros e precisamos saber disso para lutar contra esse preconceito. O tema é pouco discutido, embora seja tão cruel quanto o racismo e a homofobia, por exemplo. O preconceito linguístico costuma ser velado e pouco debatido, além de ser apoiado oficialmente por uma educação que nos ensina que só há uma forma certa de falar ou escrever, e que na língua existe o certo e o errado. Esse é um discurso estigmatizante, paralisante e excludente, que tira a língua das pessoas, tira a voz e, assim, tira a cidadania e enfraquece a democracia.

Ao incluir a diversidade linguística e adotar a perspectiva dos multiletramentos, que se inspira em vários dos pensamentos do nosso educador Paulo Freire, a Base Nacional Comum Curricular chama a atenção para a necessidade de discutirmos, coletivamente, essas importantes questões linguísticas como parte da formação dos nossos estudantes. Há vários tipos de preconceitos que precisamos identificar a fim de buscar formas de minimizá-los ou extingui-los. A linguagem é uma arma poderosa para a manutenção ou para a solução dessa questão. A educação, portanto, precisa estar atenta a isso, ensinando os estudantes a lerem o mundo, transformando-o, como queria Paulo Freire. Está aí uma das missões contemporâneas da aula de Língua Portuguesa (e também de Literatura e Redação) e um dos grandes interesses da Linguística Aplicada.

LÍNGUAS E LINGUAGENS

Para além da diversidade linguística, a BNCC também defende a diversidade de linguagens. Como já afirmamos, há no documento brasileiro forte influência do manifesto dos multiletramentos do New London Group e sua proposta pedagógica. Na verdade, as ideias defendidas pelo grupo signatário desse manifesto têm influenciado os estudos e as práticas relacionadas aos estudos da Linguística Aplicada e da educação há pelo menos duas décadas, e a publicação da Base tornou isso uma normativa, tal é sua importância.

Retomando um pouco as ideias expostas pelo New London Group, era preciso evitar que as diferenças culturais, mas também as linguísticas e questões de gênero (no sentido de homens e mulheres mesmo), entre outras, se tornassem barreiras para o sucesso educacional e mesmo profissional das pessoas. Diante de tantas mudanças pelas quais passava e passa o mundo, esse coletivo de autores já achava que era necessário e urgente repensar a educação para o século XXI. Passadas mais de duas décadas daquela publicação, ainda seguimos buscando formas de implementar uma educação mais atual, mas a tradição didática e conteudista, que nos acompanha há séculos, e alguns retrocessos terríveis ainda não deram passagem total para uma escola voltada a uma aprendizagem mais autônoma, crítica, inclusiva e significativa.

A pedagogia dos multiletramentos, lá em seu artigo original, propõe a integração de quatro componentes pedagógicos: a prática situada, a instrução explícita, o enquadramento crítico e a prática transformada. Vejamos, de modo bem simplificado, o que isso quer dizer e tentemos traduzir ao que pode ocorrer em nossas salas de aula:

A *prática situada* propõe que as situações de ensino sejam significativas para os estudantes, partindo de cenas e episódios vivenciados por eles ou que sejam parte de sua realidade. Podem ser também simulações de situações que eles deverão vivenciar em espaços de trabalho ou na esfera pública. Parece óbvio, não? Mas não tem sido exatamente fácil executar esse tipo de proposta na escola, isto é, tornar os muros mais permeáveis ao que acontece socialmente.

A *instrução explícita* diz respeito ao desenvolvimento de uma metalinguagem que permita aos estudantes enriquecer a aprendizagem, fazendo com que ela seja mais consciente e controlada por eles mesmos. Essa metalinguagem permite que os jovens se expressem sobre determinado conteúdo, além de fazer com que compreendam melhor o processo de aprendizagem, uma vez que oferece a eles um vocabulário para tratar dos assuntos, assim como estratégias para lidar com os temas e problemas sobre os quais eles trabalham. Fazendo aqui uma conexão com as ideias do psicólogo Lev Vygotsky, esse tipo de instrução envolve a intervenção dos professores para auxiliarem os alunos na realização de tarefas cada vez mais complexas. Isso não significa transmissão de conteúdo e exercícios de memorização e classificação, mas, sim, a orientação sobre o que deve ser o foco da aprendizagem e um esforço colaborativo para tornar a aprendizagem ativa e proveitosa.

O *enquadramento crítico*, por sua vez, defende que os significados devem ser construídos considerando-se a situação histórica, social, econômica e ideológica de todos. Além disso, os significados são construídos a partir das experiências particulares do sujeito e das práticas sociais nas quais ele está envolvido, além de sua experiência em comunidade. Ao mesmo tempo que produzimos sentidos a partir da nossa experiência e de nossa vivência, essa construção demanda um distanciamento, ou seja, um olhar por outros ângulos, sempre considerando o contexto em que cada situação ou tema em particular está inserido. O termo "crítico" significa estar atento às relações de poder e ser capaz de criticar e de refletir sobre elas e suas formas de funcionamento, a fim de perceber e compreender essas relações que acabam por naturalizar a desigualdade e diversas injustiças sociais.

A *prática transformada* propõe que os significados construídos sejam aplicados em outras situações ou em outros contextos culturais. Existe aqui a preocupação de que tais práticas sejam significativas para os estudantes, para que eles se sintam motivados a realizá-las, ou seja, elas precisam estar relacionadas com as vivências, as preocupações e/ou os interesses deles, ou precisam ser percebidas pelos jovens como sendo relevantes. Elas podem ser feitas com o apoio de professores e alunos mais experientes, para que todos se sintam à vontade para experimentar, tendo o apoio dessas pessoas. É importante que a educação tenha reflexos na vida fora da escola, que as discussões e os produtos feitos na escola sejam levados, de alguma forma, para situações e contextos de outras esferas e dialoguem com eles.

Propostas que têm grande similaridade com essas já eram defendidas um tanto antes por outros educadores e pesquisadores no Brasil, como Paulo Freire e a professora Magda Soares. O movimento brasileiro da Escola Nova, que teve Anísio Teixeira e Cecília Meireles entre seus proponentes, defendia, entre outras coisas, a unificação, além da "laicidade, gratuidade e obrigatoriedade" da educação (no manifesto dos pioneiros da Educação Nova). Entre os princípios defendidos aí (que não é livre de polêmicas) estão o protagonismo dos estudantes, que devem ser o centro do processo de ensino e aprendizagem; o respeito à diversidade, à individualidade e às experiências dos alunos; a integração da escola com a sociedade; o incentivo à reflexão e ao pensamento crítico; o trabalho com as dimensões racional, emocional e física etc.

Essas ideias têm origem nas pesquisas de muitos educadores, entre os quais podemos citar Maria Montessori, Celestin Freinet, John Dewey, Henri Wallon, entre outros. Elas influenciaram abordagens educacionais propostas ao longo dos anos até a atualidade e são importantes para a

Linguística Aplicada que se interessa pelas questões da educação. O movimento escolanovista é influenciador da Lei de Diretrizes e Bases da Educação Nacional (LDB), já citada aqui, além de orientar também as Diretrizes Nacionais para o Ensino Médio. Espera-se, então, que a escola, em especial o ensino médio, ajude a formar competências mais gerais dos cidadãos, que podem se tornar pessoas autônomas, solidárias, que respeitem diferenças, que se adaptem bem a mudanças e que transformem o país, tornando-o menos desigual. Essa perspectiva parece muito interessante e positiva, assim pensamos, mas o passar das décadas tem mostrado que não é simples de executar.

Ideias como essas ecoam também nos Parâmetros Curriculares Nacionais (PCN) e, mais recentemente, na Base Nacional Comum Curricular. Nesses documentos são defendidos a função social da escola, o protagonismo do estudante no processo de aprendizagem, a escola como espaço de luta contra as desigualdades sociais e como o lugar de aprendizado e exercício da democracia. Também são aí defendidos o desenvolvimento de habilidades e competências, e não a transmissão de conteúdos descontextualizados; a aprendizagem significativa para os alunos; o desenvolvimento da autonomia do estudante, que aprenderá a aprender para usar essa capacidade na vida; entre outras ideias que constam no manifesto da Escola Nova e que ainda nos servem de inspiração não apenas para os documentos oficiais, mas também para nossas práticas pedagógicas.

Tudo isso se relaciona diretamente com a LA, uma vez que a concepção de aprendizagem que adotamos, como já sabemos, vai orientar como refletiremos sobre a linguagem e sobre seu ensino. Também já dissemos que pensar na língua e nas linguagens sob uma perspectiva crítica, por exemplo, nos faz trazer para os estudos desses conceitos outros elementos que não só os formais (como antes se fazia, por exemplo, nos estudos lexicais e sintáticos descontextualizados e fora de situação de uso da linguagem), mas incorporar às análises outras dimensões, como a social, a cultural e a política.

A abordagem crítica, sempre defendida por Paulo Freire e por muitos outros estudiosos, é um aspecto importante que está presente na BNCC, além de constar também na pedagogia dos multiletramentos. A ideia de desnaturalizar o olhar e de questionar os fatos, os textos, as regras, o *status quo* etc. tem sido muito desenvolvida nos estudos da linguagem e da educação, trazendo propostas de mudanças para as práticas pedagógicas.

Muitas teorias e abordagens – letramento crítico, análise crítica do discurso – têm sido incorporadas aos documentos oficiais da educação, assim como orientado práticas e propostas pedagógicas, seja na abordagem dos textos (sua compreensão e sua produção), seja na discussão de aspectos sociais e comportamentais dos alunos, suas comunidades e as relações de trabalho. É claro que essas orientações e normas servem para todas as áreas, mas podemos lê-las com a visada específica de nosso campo, atentando para as questões de língua e de linguagens.

Não é demais comentar que, em toda a sua obra, Paulo Freire aponta para a necessidade de fazermos uma reflexão crítica sobre a vida, nossa cultura, o mundo, nossas relações interpessoais e de trabalho. Precisamos fazer a leitura do mundo para compreender os textos e, a partir dessa reflexão, buscar transformá-lo em um lugar melhor para todos. Dessa forma, os textos e usos das linguagens devem ser compreendidos a partir das experiências do leitor, mas também contando com a capacidade de ele se distanciar do texto, trazendo para a reflexão estranhamentos, questionamentos e olhares diferentes, que permitirão que se perceba aquele material sob outras perspectivas.

A abordagem crítica faz levantar perguntas sobre a autoria, o contexto de produção e a finalidade dos textos. Faz pensar na confiabilidade do material lido, assim como nos vieses que ele pode ter (quem patrocina, que interesses promove, a quem se destina, que informações omite, que vozes silencia). Além disso, leva a pensar em como diferentes perspectivas de leitura podem compreender esse material, em possíveis reações que ele provoca e em respostas que podem ou precisam ser dadas a ele. Essas são habilidades muito importantes quando se trata das tecnologias digitais da informação e da comunicação, por exemplo, uma vez que esse é um ambiente em que as pessoas podem publicar e replicar mensagens que não passaram por crivo algum, nem foram minimamente apuradas.

ATIVIDADES

PARTE 1
Atividades de análise e reflexão

1. O que é Semiótica e como ela se articula aos estudos da Linguística Aplicada?
2. Que contribuições a Análise do Discurso tem trazido para a Linguística Aplicada?
3. O que é "preconceito linguístico" e como se acredita que deva ser abordado hoje no ensino de língua materna?
4. O que há em comum entre os princípios defendidos pela Escola Nova e os componentes pedagógicos propostos pela pedagogia dos multiletramentos?

PARTE 2
Sugestões de atividades para aplicação na educação básica

1. Esta proposta tem o objetivo de provocar a reflexão dos estudantes sobre a sintaxe:
   - Cada aluno e aluna seleciona e apresenta uma frase de um livro de que gosta ou que tem em mãos.
   - A partir dessa frase, vamos descobrir alguns dos sintagmas que a compõem. Para isso, encontraremos as diversas maneiras possíveis de organizá-los, considerando (e brincando com) todas as possibilidades de movimentação deles na formação dessa frase.
   Exemplos:
   - Essa ideia maluca está na minha cabeça desde ontem.
   - Desde ontem, essa ideia maluca está na minha cabeça.
   - Está na minha cabeça, desde ontem, essa ideia maluca.
   - Maluca, essa ideia está na minha cabeça, desde ontem.

2. Vamos falar de preconceito linguístico e acolhimento linguístico? Como você se sente quando escuta alguém falando com um sotaque diferente do seu? Como você reage quando ouve uma pessoa pronunciar uma palavra de um modo "incorreto"? A que você atribui esse "erro", quando ouve? Podemos pensar também nos textos escritos. Você já julgou alguém pela maneira como a pessoa escreve uma palavra, pontua um texto ou forma uma frase? Em que contextos? Já fez isso em mensagens de WhatsApp? Tem exemplos para compartilhar? Já viu alguém julgar outrem publicamente por isso? O que você sentiu quando testemunhou isso? É possível refletir linguisticamente sobre episódios assim, levando em consideração não apenas o fato, mas também o nível de formalidade do contexto. O que esperamos da escrita nas redes sociais? E em outros ambientes?

3. Vamos fazer um teste com a turma em sala de aula? Este questionário foi produzido em parceria com a professora Luana Lopes Amaral, da Faculdade de Letras da Universidade Federal de Minas Gerais (UFMG).

Análise das atitudes linguísticas

(A quantas anda o preconceito linguístico da nossa turma?)

(a) Você acha que, em algumas regiões do Brasil, fala-se mais corretamente do que em outras?

( ) Sim

( ) Não

(b) A região do Brasil onde se fala o melhor português é:

( ) Norte

( ) Nordeste

( ) Centro-Oeste

( ) Sudeste

( ) Sul

( ) Nenhuma

( ) Todas

O que é ensinar língua materna hoje?

(c) Quem fala melhor ou de forma mais correta o português são (é possível marcar várias alternativas):
( ) Pessoas de escolaridade alta
( ) Pessoas com pouca escolaridade
( ) Pessoas com salários altos
( ) Pessoas de baixa renda
( ) Homens
( ) Mulheres
( ) Nenhuma

(d) "A ascensão social de um indivíduo deve estar intimamente relacionada à sua habilidade linguística". Você concorda com essa afirmação?
( ) Sim
( ) Não

(e) Você já sofreu algum tipo de discriminação por seu modo de falar?
( ) Sim
( ) Não

(f) Em caso de resposta afirmativa na questão anterior, como você reagiu? (é possível marcar várias alternativas)
( ) Fiquei com raiva
( ) Fiquei com vergonha
( ) Procurei mudar minha fala
( ) Defendi o meu jeito de falar
( ) Não me importei

(g) Você já discriminou linguisticamente alguém ou presenciou alguma situação de discriminação desse tipo?
( ) Sim
( ) Não

(h) Você age com preconceito linguístico?
( ) Sim, muito
( ) Sim, mas somente um pouco
( ) Não

(i) Você acha que alguma das suas respostas às questões de (a) a (d) revela algum tipo ou nível de preconceito linguístico? Por quê?

É claro que depois de recolher as respostas desse teste, que pode ser feito de maneira anônima, se as pessoas assim preferirem, será ótimo computar os resultados, verificar os números e discutir os porquês e as situações que penderam mais para o sim ou o não. O debate qualitativo em cima das respostas é tão importante quanto fazer essa coleta de dados. E é fundamental criar um clima que deixe todos seguros e à vontade para darem respostas honestas. Quanto mais verdades, melhor a discussão. A turma pode também produzir gráficos que ajudem na visualização dos resultados. É um tipo de apresentação interessante.

4. Agora, vamos formular um slogan para uma campanha contra o preconceito linguístico e a favor do acolhimento da diversidade linguística. Que tal também pensar em peças que ajudem a expressar essa campanha, como cards e stories para redes sociais, uma camiseta ou um conjunto de memes? É possível produzir muitos textos a partir desta discussão, como um podcast inteiro, vídeos de TikTok que simulem situações e abram alas para a campanha etc. Vale organizar e produzir.

Língua e linguagens para o presente e o futuro

Neste livro, pensando bem, tratamos bastante do passado. Revisamos perspectivas tradicionais e remotas do ensino de língua materna, retomamos teorias e autores que nos ensinaram novos olhares em décadas anteriores, tentamos oferecer uma breve história do nascimento e das questões que interessam à Linguística Aplicada, e qual a relação que a área tem com outras e com o ensino de línguas, em especial a portuguesa. É importante repassar essas trajetórias e questões, até para que possamos compreender como chegamos aqui, por que questionamos certas coisas hoje, o que nos separa de tempos idos, e o que nos liga ainda a outras épocas. Também é interessante mostrar alguns temas que sempre estiveram aí, enquanto outros mudaram, sumiram, deram espaço a novas inquietações. A história também nos ajuda a pensar com resultados: deu certo? Funcionou? Em que medida? O que se mostrou ineficaz? Daí buscamos explicações, argumentos e soluções. É claro que, em todas as épocas, há pessoas pensando estar fazendo o melhor possível. Há críticos em todos os tempos, dúvidas e suspeitas. Todo ensino se dá sobre alguma perspectiva teórica, com métodos que também dizem algo sobre as concepções de quem os executa. Em todas as épocas, há discursos sobre língua e educação em disputa, assim como sempre há preferidos e preteridos, hegemonias, centralidades e periferias.

Beatriz Sarlo é uma pensadora argentina que tem livros muito interessantes. Um deles se chama *La máquina cultural*. Sua primeira parte é toda dedicada a contar a história de uma professora do início do século XX que pensava estar fazendo o melhor por seus alunos jovens. À medida que Sarlo avança na narrativa, vamos percebendo onde ela quer chegar: no extremo autoritarismo com que a docente agiu, mesmo que tivesse certeza de que fazia o bem para seus discentes, da melhor forma possível. Ela demonstrava, com suas atitudes, uma concepção de educação, assim como não fazia uma autocrítica que a levasse a repensar seus atos. Um exemplo extremo do que ela provocou na escola foi o dia em que, por conta própria, para acabar com um surto de piolhos, resolveu raspar a cabeça de todos os alunos e alunas crianças, sem consultar ninguém. É claro que esse é um exemplo chocante de atitude "educativa", mas serve para nos incomodar, nos mover ao repensar constante, à troca de ideias e a uma abertura que permita o dinamismo em tudo o que fazemos, mesmo que os anos passem rapidamente, e, aliás, exatamente por isso.

Nosso presente talvez pareça conturbado. É difícil ver o que se passa muito de perto. São muitas teorias disputando o cenário, muito conhecimento construído, muita metalinguagem a ser aprendida, mudanças profundas a respeito do que é ensinar a língua portuguesa em nosso país, no nosso tempo, com tecnologias que chegaram há relativamente poucos anos, falta de investimentos para infraestrutura e formação, uma pandemia que nos surpreendeu, amedrontou e estressou, entre muitas outras coisas que nos inquietam e, ao mesmo tempo, movem.

No entanto, não é difícil observar em que direção algumas mudanças ocorrem. Se antes o ensino de português se limitava a uma abordagem pouco comunicativa de partes do texto ou até da frase, privilegiando a fragmentação e tornando mais difícil a interpretação global do que lemos e escrevemos, hoje as concepções de língua e, em especial, de texto se ampliaram e dinamizaram, ou seja, abarcam mais do que abarcavam antes, décadas atrás. Porém, é claro, ainda há gente resistente ou até desinformada sobre essas transformações. Não caminhamos exatamente juntos e mesmo o acesso à formação e à reflexão é desigualmente distribuído no país.

Voltemos a uma pergunta fundamental: o que é ler? Podemos parar por uns segundos e nos dar esta resposta, antes de entrar num debate acalorado? Dessa resposta íntima depende da maneira como um professor ou uma professora tratarão sua tarefa em sala de aula, de como selecionará materiais, como os proporá aos estudantes, como avaliará os resultados (os finais e os processos).

Agora uma próxima pergunta, avizinhada da primeira e também um dos eixos mais importantes do "ensinar português": o que é escrever? O mesmo que ocorre no exercício anterior vai ocorrer aqui: a depender da resposta a esta questão, só aparentemente simples, poderemos nos dar a oportunidade de rever nossas concepções, pensar no que estamos levando para nossas salas de aula, se temos tido tempo e chance de refletir e planejar bem, antes de executar nossa tarefa. Também podemos repassar e dar nome às teorias ou perspectivas que nos têm guiado, pensar nos resultados que temos obtido junto aos estudantes, e mesmo no que temos evitado ou até impedido que aconteça, de bom e de mau. Que relação nós mesmos temos com a escrita? Como a temos provocado em sala de aula? Que efeitos isso tem em nós e nos jovens sob nossa responsabilidade? Estamos, nós mesmos, satisfeitos com esses efeitos? Temos feito pensar, rever, reescrever, comparar, revisar, trocar ideias, interagir efetivamente? Temos repetido uma fórmula por razões muito objetivas? Ou temos, lentamente, formado cidadãos capazes da participação ou, como dizia Magda Soares, de exercer plenamente a cidadania?

Se consideramos que escrever seja juntar ou amontoar frases, teremos mais dificuldade em prover aos nossos alunos uma discussão mais abrangente e complexa do que sejam os textos, de como eles podem produzi-los e mesmo de como nós poderemos avaliá-los – aos textos e às competências desses estudantes. Se pensamos que os textos praticamente brotam das cabeças das pessoas, teremos mais dificuldade em assumir uma postura em que reconheçamos um processo de produção, que inclusive pode variar de pessoa para pessoa. Talvez nos sintamos satisfeitos e satisfeitas ao receber textos que não vimos serem pensados, planejados, tentados, revisados, finalizados. Textos que sequer seus autores leram novamente... antes de entregar (ou simplesmente se livrar?).

Podemos pensar mais: o que é um texto? Se nossa perspectiva só considera o material linguístico como texto, levando-nos a abstrair outros aspectos da materialidade textual que também cooperam para a produção de sentidos, talvez tenhamos de rever nossos passos. Quando fazemos isso, estamos alinhados a quê? Que abordagem é essa e como ela resulta? Pensando em cenas nítidas, seria como ler apenas as colunas da notícia, sem dar importância às fotos, à hierarquização das fontes (geralmente dadas pelo tamanho, pelo peso e pela posição escolhidas para as palavras), ao próprio jornal de onde a notícia saiu, à leitura de um discurso que pode ser subliminar, à relação com outros textos, à posição que esse próprio texto ocupa no espaço total desse jornal etc. Pensando bem, seria até difícil ler assim, sem considerar tantos outros elementos que nos informam e direcionam! Por que na sala de aula isso pode ser feito?

É claro que concepções mais abrangentes vão tornar nosso trabalho mais complexo. Pode ser que a escolha de uma perspectiva tenha mais relação com as facilidades que isso gera do que com a missão que devemos cumprir. É infinitamente mais fácil chegar com um tema simples em sala de aula, pedir que os estudantes escrevam trinta linhas de material verbal, devolvam numa pilha que se forma em nossa mesa, levar isso para outra sala ou para casa, ler marcando problemas, dar uma nota e devolver esses textos sem grandes conflitos. Isso é o que muitos e muitas de nós fazemos e até estamos, a depender do contexto, limitados a fazer. De outro modo, admitir concepções semióticas de texto, planejar atividades que dependam de curadorias e seleções textuais sofisticadas, solicitar uma escrita consciciosa, permitir reescritas, revisões por pares, trocas, debates, para então recolher textos sempre em processo, comentá-los todos, como leitor ativo, e devolver ainda dando margem a novos aperfeiçoamentos... não é só mais trabalhoso, mas chega a ser um luxo quando pensamos em condições precárias e até abusivas de trabalho, em especial em uma área em que o trabalho de casa é incessante.

Mesmo que pareça difícil acompanhar os debates acadêmicos sobre tantos temas que nos interessam, é possível estar atualizado em relação a isso. E não só por uma questão de obrigação profissional, aquela de atuar conforme as diretrizes do país, isto é, documentos, leis, portarias, avaliações massivas que influenciam o modo como tudo deve ser feito, mesmo havendo espaço, sempre, para as críticas, mas também porque podemos entender que nossa formação não se esgota na graduação. Muito pelo contrário: ali ela apenas começa.

Sobre as avaliações do ensino, vejamos o que acontece em alguns casos: avaliações de larga escala têm mostrado algumas dificuldades de nossos estudantes no que diz respeito a várias habilidades de leitura e de produção de textos. Em muitas escolas, usa-se uma parcela do tempo em atividades que vão "treinar" os jovens para as avaliações, a fim de que eles apenas se saiam bem nelas, quando deveriam estar colocando em prática atividades que desenvolverão competências e ampliarão conhecimentos. A instrução e a avaliação precisam estar alinhadas, uma retroalimentando a outra. Nas avaliações da leitura, normalmente, é comum que tenhamos muitas questões de múltipla escolha. Precisamos pensar na capacidade desse tipo de instrumento de avaliar adequadamente as habilidades de leitura dos estudantes e no impacto que esse tipo de avaliação tem para o ensino. Sabemos que medir várias vezes um objeto não aumenta o seu peso. Alguma coisa precisa ser feita para que esse peso seja alterado. Se for um pacote de feijão, é preciso colocar ou tirar feijão para que o peso se altere. Algo parecido acontece na educação: não basta medir, avaliar; é preciso fazer investimentos importantes e efetivos, além de sustentados, para que ela apresente melhores resultados. É preciso mudar as estratégias de ensino, aperfeiçoar o projeto pedagógico, investir na formação dos professores, enriquecer o ambiente escolar, melhorar os materiais didáticos e criar políticas públicas de educação mais eficazes, para que se possa esperar mudanças nos resultados das avaliações e, além, nos aprendizados.

LINGUÍSTICA APLICADA E O ENSINO DE LÍNGUA AGORA

É interessante dizer que a Linguística Aplicada é relativamente recente, na história geral dos estudos linguísticos, como vimos neste livro. Os cursos de pós-graduação e mesmo os de graduação que admitiram e fundaram, institucionalmente, esse tipo de formação são dos anos 1980 e 1990, até 2000. Isso quer dizer que muitos linguistas brasileiros importantes não tinham exatamente esse título ou formação oficial, mas eram pesquisadores, estavam atentos e atentas aos debates de seu tempo e ajudaram a formar linguistas aplicados, inclusive porque fundaram linhas de pesquisa e programas de pós-graduação efetivamente nessa área. Hoje em dia, é possível encontrar, em todas as regiões do país, espaços acadêmicos onde a Linguística Aplicada é forte e institucionalizada.

Outro item importante é que os temas que interessam à Linguística Aplicada são diversos. O ensino de línguas – estrangeiras, materna(s) ou de acolhimento – é uma das possibilidades na área, talvez a mais conhecida e difundida, mas estudos sobre tradução, uso de tecnologias digitais em muitos contextos, dos textos, dos discursos e das semioses, inteligência artificial, enfim, muitos aspectos da linguagem podem ser analisados e pesquisados por linguistas aplicados. Não há risco de faltar assunto nem hoje, nem no futuro. É justamente a atenção às questões sociais mais emergentes que nos provoca e fornece ideias para a pesquisa sobre as linguagens, o ensino e a aprendizagem, entre outras possibilidades. Esperamos, com este livro, ter cumprido uma missão importante para a formação de colegas, quem sabe, encantados pela Linguística Aplicada.

ATIVIDADES

PARTE 1
Atividades de análise e reflexão

1. Como a concepção de leitura e a de escrita de um professor ou de uma professora afeta ou até determina a maneira como ele/ela trata nossa disciplina com seus estudantes em sala de aula? Explique, argumente, exemplifique. Pense em seu próprio caso também.
2. Como a concepção de um professor ou de uma professora do que seja texto afeta e até determina a maneira como ele/ela trabalha a leitura e a escrita em sala de aula? Pense em exemplos, eles são bons para abrir nossos olhos, dar a ver alguns elementos nos quais não tínhamos pensado antes.
3. Que investimentos você acha que deveriam ser feitos na educação para que ela apresentasse melhores resultados nas avaliações de larga escala? Por quê?
4. Que questões você acredita que deverão ser encaradas pelos estudiosos da LA de agora em diante e no futuro próximo? Por quê? Pensando em que impactos possíveis?

PARTE 2
Sugestões de atividades para aplicação na educação básica

1. Você gosta de ler? O quê? Por quê?
   a. Se a resposta foi SIM: O que faria você gostar mais ainda de ler?
   b. Se a resposta foi NÃO: O que poderia fazer você gostar de ler?
2. Se você fosse escrever um livro ou fazer um podcast, sobre o que ele seria?
   a. Como seria sua produção? Que equipamentos você usaria para fazer isso?
   b. Como seria a capa do livro ou a marca/ícone do podcast?

3. Faça um pequeno vídeo ou um pequeno áudio (podcast) falando da sua relação com a leitura e/ou com a escrita. Se quiser, você pode começar o material com uma das seguintes frases:

   a. Eu gosto de ler/escrever porque...

   b. Eu não gosto de ler/escrever porque...

   c. Eu acho que eu gostaria de ler/escrever se...

4. Vamos produzir um infográfico com os resultados de uma pesquisa sobre leitura em sala de aula.

   Passo 1: Coletivamente, planejar uma lista de perguntas objetivas que permitam que saibamos quantos livros os colegas estão lendo, há quanto tempo leem ou não leem, que tipo de materiais são lidos (não precisa ser só livro!), autores e autoras preferidos etc. Essa lista pode se transformar em um questionário.

   Passo 2: Aplicar esse questionário à turma, à série, como for interessante e possível. A aplicação desse instrumento gerará dados numéricos.

   Passo 3: Daí vamos tirar alguns gráficos de barras ou de pizza que ajudem a visualizar as maiorias. Se as questões forem abertas (nomes de autores e de obras, por exemplo), vale simplesmente organizar em listas compostas a partir de critérios (dos mais aos menos citados).

   Passo 4: Um infográfico não se compõe apenas de gráficos. É fundamental que haja em torno dele textos explicativos, informações interessantes e relevantes sobre leitura (por exemplo, algo sobre o autor ou a autora mais citados, um comentário sobre uma discrepância entre homens e mulheres entre essas autorias etc.), apontamentos analíticos da turma e até alguma sugestão a partir desses resultados. A mescla de dados quantitativos e qualitativos pode produzir um infográfico muito dinâmico e informativo.

Bibliografia comentada

BAGNO, Marcos. *Preconceito linguístico*: o que é, como se faz. São Paulo: Parábola, 2010.

Esta é uma obra incontornável quando se fala em preconceito linguístico no Brasil. Foi publicada primeiro pelas edições Loyola, em 1998, mas segue sendo reeditada pela Parábola Editorial, de São Paulo, há vários anos, com inúmeras reimpressões. É um livro obrigatório para estudantes de Letras, mas não apenas. Todos deveríamos conhecer o que ela propõe e abraçar as questões da Sociolinguística em nosso convívio em sociedade. A leitura deste livro costuma ser considerada um divisor de águas para quem se inicia nos estudos linguísticos. A noção de "preconceito linguístico" e a maneira como Bagno o aborda, num texto crítico e envolvente, muda nossa visão de língua, de certo e errado, de diversidade linguística, entre outros pontos fundamentais para alguém que pretende ter como profissão o ensinar a ler e a escrever, em qualquer nível de educação.

BEZERRA, Benedito Gomes. *Gêneros no contexto brasileiro*: questões (meta)teóricas e conceituais. São Paulo: Parábola, 2017.

Há muitos livros sobre gêneros textuais e discursivos. É difícil escolher um ou poucos deles, já que se trata de um tema muito produtivo em LA e em Linguística de maneira geral. Uma pesquisa sobre o assunto gerará muitos resultados igualmente importantes. Optamos por mencionar esta obra do professor Benedito Bezerra por várias razões: pelo enorme conhecimento que o autor tem sobre o tema; pela linguagem envolvente que ele usa para tratá-lo; e pela importância da contextualização no Brasil, que certamente absorveu teorias, mas também as transgrediu, transformou e adaptou. Esta é uma obra de caráter mais teórico, mas que não apresenta grandes dificuldades, sendo importante que conheçamos a metalinguagem empregada na área.

CEALE. *Glossário do Ceale*. FaE/UFMG, 2014.

O Centro de Alfabetização, Leitura e Escrita (Ceale) é um núcleo importante sediado na Faculdade de Educação da Universidade Federal de Minas Gerais há várias décadas. Uma de suas fundadoras foi justamente a professora Magda Soares, referência incontornável no tema da alfabetização e do letramento. Há um grupo grande de professores e pesquisadores, em sua maioria mulheres, que atua intensamente no Ceale há muito tempo. Um dos produtos da atividade deles é o *Glossário do*

Linguística Aplicada

Ceale, um dicionário disponível digitalmente (além da bela edição impressa de tiragem limitada) que explica brevemente termos e conceitos importantes para os estudos do letramento, da alfabetização, da leitura e da escrita. Os verbetes desse glossário, escritos por dezenas de especialistas, são definições especializadas de termos provenientes de várias áreas de estudo relacionadas à aquisição da escrita e de seus usos, revelando a sua complexidade e sua importância. Ele é uma boa contribuição e um excelente recurso a ser consultado por professores, pesquisadores e estudantes dos estudos da linguagem e da educação.

COSCARELLI, Carla; RIBEIRO, Ana Elisa. *Letramento digital*: aspectos sociais e possibilidades pedagógicas. Belo Horizonte: Autêntica, 2005.

Esta talvez tenha sido uma das primeiríssimas publicações cujo título admitiu, desde a capa, a noção de "letramento digital", que continua em debate até os dias de hoje, ganhando cada vez mais camadas e reflexões. Neste volume, as organizadoras reúnem um conjunto importante de pesquisadores e professores especialistas na discussão sobre o letramento digital, num momento em que isso ainda parecia algo distante ou não tão disseminado. Hoje, é um dos livros mais citados nos trabalhos de quem se interessa por Linguística Aplicada e ensino de línguas, mesmo tendo-se passado tantos anos. Trata-se de um título reimpresso várias vezes e ainda em catálogo.

DIONÍSIO, Angela Paiva; MACHADO, Anna Rachel; BEZERRA, Maria Auxiliadora. *Gêneros textuais e ensino*. São Paulo: Parábola, 2005.

Aqui nossa escolha recai sobre uma obra de autoras absolutamente fundamentais para o tema de gêneros textuais no Brasil, em especial na conexão com o ensino de língua materna. Este livro circulou muito e certamente foi um divisor de águas para muitos docentes e estudantes de LA. O tema despertou interesse enorme entre pesquisadores também, e é um dos mais produtivos até hoje em Linguística Aplicada. As autoras, nesta obra, fazem uma conexão fundamental entre a teoria e a prática em sala de aula, tornando a questão dos gêneros muito mais próxima do exercício de nossa profissão.

FREIRE, Paulo. *A importância do ato de ler*. São Paulo: Cortez, 1982.

Todos sabemos que Paulo Freire é um nome importantíssimo da nossa educação, reconhecido mundialmente. Os livros escritos por ele foram traduzidos em inúmeras línguas e influenciaram o trabalho de incontáveis pesquisadores e materiais de referência para a educação de diversos países. Escolhemos comentar *A importância do ato de ler* porque é um livro que reúne discussões fundamentais para os estudos da leitura e da escrita, mas recomendamos muito a leitura de todos os outros livros do autor, em especial aqueles que tratam de pedagogias que levem a uma educação emancipadora. Não custa lembrar que Freire influenciou até mesmo os dez autores do manifesto da pedagogia dos multiletramentos, publicado em 1996, nos Estados Unidos.

GERALDI, João Wanderley. *O texto na sala de aula*. Cascavel: Assoeste, 1984.

Embora este seja um livro publicado nos anos 1980, ele continua provocando uma discussão atual. Infelizmente, o cenário do ensino de produção textual não se transforma tão rápido e tão profundamente quanto gostaríamos. Eis mais uma razão para recomendar sempre a leitura desta obra, que inspirou todo um pensamento sobre o ensino de língua materna, em especial propondo a centralidade do texto como objeto de ensino e uma mudança de paradigma na produção textual, que deixa de focar o produto para dar ênfase ao processo. É sempre relevante lê-lo e associá-lo à nossa prática cotidiana como profissionais.

KLEIMAN, Angela B. *Os significados do letramento*. Campinas: Mercado de Letras, 1998.

Esta é outra obra incontornável quando o assunto é letramento(s). Nela, a profa. Angela Kleiman reuniu um grupo importante de linguistas e educadores que discutiam os significados do letramento, dando exemplos e tecendo análises relevantes para nossas práticas em sala de aula. Vários deles e delas expuseram e comentaram os resultados de pesquisas fundamentais para a época e ainda hoje. Já o texto da professora Kleiman, que apresenta o livro, oferece uma oportunidade imperdível de reflexão e redefinições. É, ainda hoje, uma das obras mais citadas na Linguística Aplicada.

Bibliografia comentada

KOCH, Ingedore Villaça; ELIAS, Vanda Maria. *Ler e escrever*: estratégias de produção textual. São Paulo: Contexto, 2008.

Todos os livros da professora Ingedore Villaça Koch (e publicados pela Contexto) são fundamentais na formação em Letras, em especial no que diz respeito à produção de textos. Qualquer título que mencionarmos será incontornável para os estudos de linguagem, o que significa que é difícil escolher alguns deles para compor esta bibliografia comentada. Vale pesquisar e estudar todos. Em *Ler e escrever*, as autoras nos oferecem muitos subsídios para a aplicação das teorias do texto às práticas de ensino. Para auxiliar o professor e a professora, são apresentados exemplos que nos ajudam a compreender tanto a teoria (Linguística Textual) quanto aprimorar a prática do ensino de texto em sala de aula. O fundamento é a importância da interação na produção textual, o que muda completamente em relação a uma perspectiva tradicional de produção de textos. O livro apresenta exemplos comentados de vários gêneros, nos aproximando do que precisamos aprender e fazer com nossos estudantes.

MARCUSCHI, Luiz Antônio. *Da fala para a escrita*: atividades de retextualização. São Paulo: Cortez, 2000.

O professor Marcuschi fez grande sucesso entre estudantes e docentes da área de Letras, ajudando a renovar o pensamento sobre texto, produção de textos, fala, escrita e gêneros textuais. Foi um grande disseminador de ideias que abriram muitas janelas para a pesquisa, sem se distanciar das questões da escola e da sala de aula reais. Há outras obras famosas de sua autoria, também fundamentais (assim como em outros casos, recomendamos uma pesquisa pelos seus nomes, o que fará encontrar muitos outros títulos instigantes e necessários), mas esta que recomendamos aqui teve especial impacto dos estudos da produção de textos, trazendo para o centro da cena a ideia de retextualização, com direito a exemplos e atividades muito aplicáveis. Marcuschi influenciou vários outros pesquisadores, que também publicaram textos importantes, como Regina Péret Dell'Isola.

NEW LONDON GROUP. A Pedagogy of Multiliteracies: designing social futures. *Harvard Educational Review*, Harvard, Spring 1996.

Este é o famoso manifesto de 1996 que propõe uma nova pedagogia para o ensino de línguas no século XXI e cunha o termo "multiletramentos". Mais do que um artigo ou um manifesto, ele funciona como um documento sobre o pensamento de uma época, um ponto de inflexão. Está publicado em uma revista científica norte-americana, mas temos pelo menos duas traduções recentes no Brasil, ambas publicadas em 2021, quando o texto original fez 25 anos: a de um grupo do CEFET-MG/UFOP (um livro com glossário de termos especializados) e a de um grupo da Unicamp (publicada como artigo na revista *Linguagem em Foco*, do Ceará). A versão que saiu em forma de livro, com direito a glossário de termos especializados, pode ser baixada gratuitamente no site da editora experimental do curso de Letras do Centro Federal de Educação Tecnológica de Minas Gerais: https://www.led.cefetmg.br/uma-pedagogia-dos-multiletramentos/.

ROJO, Roxane; MOURA, Eduardo. *Multiletramentos na escola*. São Paulo: Parábola, 2012.

Todos os livros da professora Roxane Rojo são referências obrigatórias para as pessoas que se formam como linguistas, professoras e procuram se atualizar. Rojo se tornou, quem sabe, a maior divulgadora das questões de multiletramentos no Brasil. Esta é uma das mais conhecidas obras não apenas reflete sobre os multiletramentos, mas, principalmente, toca o chão da sala de aula, mostrando práticas possíveis e desejáveis com textos e mídias atuais. É um livro dinâmico, prático e acessível.

RUIZ, Eliana Donaio. *Como corrigir redações na escola*. São Paulo: Contexto, 2010.

Este já é um clássico entre os livros que nos ajudam a fazer o que chamamos de "correção de redações". De uma perspectiva textual-interativa, a autora trata a revisão (e não a correção) como uma etapa fundamental da produção textual, isto é, a redação é vista em seu processo, em suas refações, deixando de lado uma visão descontextualizada do produto textual. O livro divide as atividades de produção de textos em turnos, o do professor e o do aluno, que são sistematizados em relação à revisão e às abordagens ou maneiras de comentar (revisar) o texto em processo. Defende-se que a interação real é a melhor maneira de ensinar a escrever, tornando aluno e professor duas pessoas na interação por meio da escrita: leitor e escritor. Trata-se de uma referência incontornável quando o assunto é ensino de leitura e produção de textos na escola, em qualquer nível de ensino.

SIGNORINI, Inês; CAVALCANTI, Marilda C. *Linguística aplicada e transdisciplinaridade*: questões e perspectivas. Campinas: Mercado de Letras, 1998.

Há alguns livros no Brasil que se dedicam a contar a história da Linguística Aplicada, inclusive fazendo uma defesa dela como área autônoma. Algumas obras também a discutem, repensando seus rumos, suas definições, seu escopo. Este que recomendamos é um livro importante para quem deseja conhecer a Linguística Aplicada, sua história e suas conexões interdisciplinares. Os capítulos que compõem esse material trazem reflexões sore a natureza fortemente transdisciplinar da Linguística Aplicada, assim como sua preocupação com o lado social e humano dos estudos da linguagem.

SOARES, Magda. *Alfabetização e letramento*. São Paulo: Contexto, 2003.

No Brasil, não se fala em letramento sem citar Magda Soares. Este livro, lançado originalmente em 2003 (e com nova edição, bastante ampliada em 2017), traz releituras de artigos publicados entre 1985 e 1998. São textos fundamentais para a discussão sobre alfabetização e letramento, enriquecidos com comentários feitos pela autora, nos quais ela tece explicações, traz contextualizações, faz comparações e sugere outras leituras. A primeira parte do livro apresenta e discute concepções de alfabetização e de letramento, mostrando como essas noções se integram e se articulam. Aqui, o fracasso escolar é discutido, juntamente com suas causas e com a elucidação da complexidade do processo multifacetado que é a alfabetização, cuja natureza ideológica e política é também explicitada. Na segunda parte, o livro traz reflexões sobre práticas escolares de alfabetização e de letramento, discutindo métodos de alfabetização e perspectivas para o ensino de língua portuguesa. O capítulo final da obra reitera a indissociabilidade dos conceitos e das práticas de alfabetização e de letramento, trazendo para a discussão a teoria pedagógica de Paulo Freire. É uma leitura indispensável para professores e pesquisadores das linguagens.

As autoras

Ana Elisa Ribeiro é professora titular do Departamento de Linguagem e Tecnologia do Centro Federal de Educação Tecnológica de Minas Gerais (CEFET-MG), onde atua no ensino médio, no curso de Letras e no Programa de Pós-Graduação em Estudos de Linguagens. É doutora em Linguística Aplicada e mestre em Estudos Linguísticos pela Universidade Federal de Minas Gerais, com alguns estágios pós-doutorais. É pesquisadora do CNPq e autora de diversos livros nos temas dos letramentos e da multimodalidade.

Carla Viana Coscarelli é professora titular da Faculdade de Letras da Universidade Federal de Minas Gerais. Tem mestrado e doutorado em Estudos Linguísticos pela UFMG. Fez pós-doutorado em Ciências Cognitivas pela University of California, San Diego, e em Educação pela University of Rhode Island. É coordenadora do Projeto de Extensão Redigir UFMG e desenvolve pesquisas sobre a leitura em ambientes digitais e letramento digital.

COMITÊ EDITORIAL DA COLEÇÃO LINGUAGEM NA UNIVERSIDADE

Adail Sebastião Rodrigues-Júnior (UFOP)

Adail Sobral (UFRGS)

Adauto Locatelli Taufer (UFRGS)

Adja Balbino de Amorim Barbieri Durão (UFSC)

Adriana Cristina Sambugaro
de Mattos Brahim (UFPR)

Ana Beatriz Barbosa de Souza (UFG)

Ana Dilma Almeida (UniProjeção)

Ana Elisa Ribeiro (CEFET-MG)

Ana Maria Welp (UFRGS)

Ana Suelly Arruda Câmara Cabral (UnB)

Anderson Carnin (Unisinos)

Angela Brambilla Cavenaghi T. Lessa (PUC-SP)

Antonieta Heyden Megale (Unifesp)

Aparecida de Jesus Ferreira (UEPG)

Atilio Butturi (UFSC)

Beth Brait (PUC-SP)

Bruna Quartarolo Vargas (UFPR)

Camila Haus (UFRGS)

Camila Höfling (UFSCr)

Carla Conti de Freitas (UEG)

Carla Reichmann (UFPB)

Carla Viana Coscarelli (UFMG)

Carlos José Lírio (Unifesp)

Cátia Martins (York University)

Christine Almeida (UFES)

Clécio dos Santos Bunzen Jr. (UFPE)

Cleidimar Aparecida Mendonça e Silva (UFG)

Clezio Gonçalves (UFPE)

Cloris Porto Torquato (UFPR)

Cristiane Soares (Harvard University)

Cyntia Bailer (FURB)

Dánie Marcelo de Jesus (UFMT)

Daniela Fávero Netto (UFRGS)

Daniela Vieira (PUC-SP)

Dayane Celestino de Almeida (Unicamp)

Denise Hibarino (UFPR)

Dilys Karen Rees (UFG)

Diógenes Lima (UESB)

Dóris Cristina V. S. Santos (UFPR)

Dorotea Frank Kersch (Unisinos)

Eduardo Diniz de Figueiredo (UFPR)

Elaine Mateus (UEL)

Eliana Merlin Deganutti de Barros (UENP)

Eliane F. Azzari (PUC-Campinas)

Eliane Lousada (USP)

Érica Lima (Unicamp)

Eulalia Leurquin (UFC)

Fabíola Ap. Sartin Dutra
Parreira Almeida (Catalão)

Fernanda de Castro Modl (UESB)

Fernanda Ferreira (Bridgewater University, EUA)

Fernanda Liberali (PUC-SP)

Fidel Armando Cañas Chávez (UnB)

Florência Miranda (Universidad Nacional de
Rosario/Argentina)

Francisco Fogaça (UFPR)

Gabriel Nascimento (UFSB)

Gabriela Veronelli
(Universidad Nacional de San Martin/Argentina)

Gasperim Ramalho de Souza (UFPLA)

Gisele dos S. da Silva (UFPR)

Grassinete C. de Albuquerque Oliveira (UFA)

Gustavo Lima (UFC)

Helenice Joviano Roque-de-Faria (Unemat)

Heliana Mello (UFMG)

Heloisa Albuquerque-Costa (USP)

Helvio Frank de Oliveira (UEG)

Ismara Tasso (UEM)

Ivani Rodrigues Silva (Unicamp)

Jhuliane Silva (UFOP)

João Xavier (CEFET-MG)

José Marcelo Freitas de Luna (Univali)

Junot de Oliveira Maia (UFMG)

Leosmar Aparecido da Silva (UEG)

Letícia J. Storto (UENP)

Lucas Araujo Chagas (UEMS)

Lúcia de Fátima Santos (UFBLA)

Luciani Salcedo de Oliveira (Unipampa)

Mailce Borges Mota (UFSC)

Marcia Veirano Pinto (Unifesp)

Maria Amália Vargas Façanha (UFS)

Maria Carmen Gomes (UnB)

María del Pilar Tobar Acosta (IFB)

Mariana Mastrella-de-Andrade (UnB)

Maximina M. Freire (PUC-SP)

Nanci Araújo Bento (UFBA)

Nara Takaki (UFMS)

Nayibe Rosado
(Universiddad del Norte-Barranquila, Colômbia)

Paulo Boa Sorte (UFS)

Paulo Roberto Massaro (USP)

Raquel Bambirra (CEFET-MG)

Reinaldo Ferreira Da Silva (UNEB)

Roberval Teixeira e Silva (Macau University)

Rodrigo Camargo Aragão (UESC)

Rogério Tílio (UFRJ)

Rosana Helena Nunes (Fatec/UnB)

Samuel de Carvalho Lima (IFRN)

Sandra Regina Buttros Gattolin (UFSCar)

Shelton Souza (UFC)

Simone Batista (UFRRJ)

Simone Sarmento (UFRGS)

Socorro Cláudia Tavares (UFPB)

Solange Maria Barros (UFMT)

Soledad Oregioni
(Universidad Nacional de Quilmes)

Sueli Salles Fidalgo (Unifesp)

Suellen Thomaz de Aquino Martins (UFSB)

Tamara Angélica Brudna da Rosa (IFFaroupilha)

Tânia Ferreira Rezende (UFG)

Vanessa Ribas Fialho (UFSM)

Vania Cristina Casseb-Galvão (UFG)

Vera Lúcia Lopes Cristovão (UEL)

Viviane Bengezen (UFCAT)

Wilmar D'Angelis (Unicamp)

CADASTRE-SE

EM NOSSO SITE,
FIQUE POR DENTRO DAS NOVIDADES
E APROVEITE OS MELHORES DESCONTOS

LIVROS NAS ÁREAS DE:

História | Língua Portuguesa
Educação | Geografia | Comunicação
Relações Internacionais | Ciências Sociais
Formação de professor | Interesse geral

ou
editoracontexto.com.br/newscontexto

Siga a Contexto
nas Redes Sociais:
@editoracontexto

GRÁFICA PAYM
Tel. [11] 4392-3344
paym@graficapaym.com.br